聆听汉字之美

饮食字传

Tales of the Words
for Chinese Cuisine

食材篇

Ingredients

张一清 著

梁 艳 读

山东友谊出版社

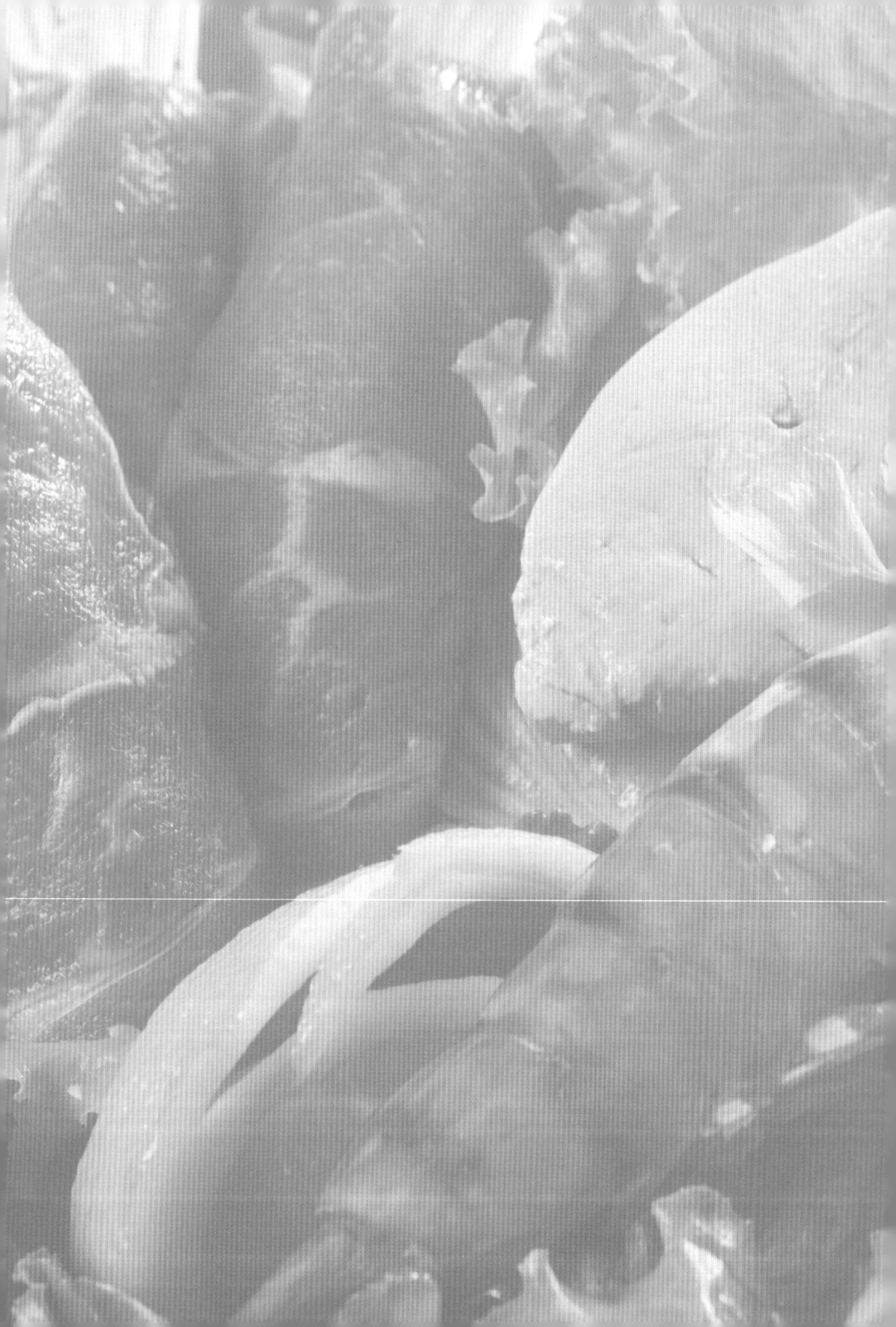

扫描收听本册图书有声版

序言

民以食为天，这是从古至今流传数千年的一条最朴素的真理。小到个人，大到人类，生存和发展的首要条件确实是必须填饱肚子。与此同时，两千多年前孔夫子的一句“食不厌精”，算是承启了中华美食代代相传、生生不息的薪火。因此，我们才有幸生活在一个以美食著称的国度里。

日常饮食，无论是妈妈的味道、大厨的手艺，还是小夫妻对照各式菜谱照葫芦画瓢的“处女”之作……在品尝美食过程中，一般能引起我们关注和欣赏的，大抵是菜品本身的味道，或者多少也有一些菜品的色泽、形状等等，抑或再把视野稍稍扩大到碗碟杯盏。然而，可能很少有人会对与食物有关的字词发生兴趣。

殊不知，中华文明源远流长，上下几千年，其奥妙无穷的独特魅力之一，正是汉字承载了极其丰富的人文内涵与积淀，即所谓的点画天地、字里乾坤。就说能够给我们带来愉快感受的“香”字吧，它原本由“黍”和“甘”或者“禾”和“甘”构成，而“甘”最初描画的是舌头上面有东西，意思是能够品尝到的甜味；那么，“香”显然就意味着粮食所特有的那种清甜味道了。

由此可见，“香”首先指的是能够被味觉感受到的一种味道，后来才有了嗅觉也能感受到的气味这种意思。其次，用表示农作物的“黍”或“禾”构造表示美好滋味的“香”，一方面说明炊饭在我国的历史十分悠久，另一方面也说明我们中华民族自古就有重视农业的优良传统。

锄禾日当午，无数人用辛勤的汗水造就了餐桌上的饭香菜美；另一方面，大自然的鬼斧神工和技艺卓绝的众多园丁，也给我们营造出草木芬芳的生活环境。饭香花香汇聚交融、相辅相成，让我们的生活充满惬意与诗意。这不由得令我想起了《身边汉字·花草字传》成书的前前后后。

和《饮食字传》的成书初衷一样，《花草字传》也是着眼于身边的事物和日常的汉字，力图在平常生活中发现汉字和中华文化的不同寻常之处，并且梳理这些汉字的源流，为其作“传”。

《花草字传》问世后，宣传推广方面得到了许多朋友的热心帮助，我一直感念于心。

首先，感谢《中国汉字听写大会》总导演、我的好友关正文先生。《花草字传》的新书发布会，适逢关导的另一档走心节目《见字如面》录制前夕，百忙之中，他二话没说赶到发布会现场助阵。这样的朋友真是相当相当靠得住。

我还要向我的好友梁艳主播表示敬意，她那字正腔圆、娓娓道来的唯美声音确实为书增色不少，而且她在录音过程中一丝不苟、孜孜不倦的精神与努力令人钦佩，我们的合作愉快而有成效。

山东友谊出版社的姚文瑞、张继红、韩刚立、姜海涛等出版业翘楚，为前后两个《字传》的策划、编辑、出版、发行等事务，可谓费尽了心血。作为合作者，我敬佩他们和出版社其他同事的职业精神与素养，也感谢他们给予的鼎力支持与帮助。

按照惯例，每出一本小书，由于在写作过程中受到的关怀与帮助，特别是受到的教诲与指点，我都要感谢我的太太胡明女士和女儿张牧笛小姐。这次也不例外，只是又多了一层意思。这层意思是感谢她们二三十年如一日，让我在赞美鼓励声中，义无反顾地爱上了蜗居中的三尺灶台，把自己变成了“下得厨房”的好男人，伙夫与吃货的潜质亦被大大激发。

最后，我必须对两套《字传》的读者朋友表示诚挚的谢意。如果《饮食字传》能够让你们口水涌动，能够让你们对汉字和中华文化产生更加浓厚的兴趣，那将是我最开心的事。期待你们不吝赐教。

张一清

2017 年 4 月 10 日
于海口至五指山途中

序言

从为《花草字传》配音开始，山东友谊出版社的好友姜海涛就约我写序，可自知才疏学浅，没有应承。转眼间《花草字传》出版已经一年的时间了，如今《饮食字传》即将付梓。写到“付梓”一词，脑海中马上跳出《花草字传》中的“梓”那篇文章，更加深切领悟到原来我的收获如此丰厚！也更坚定了我写这篇序的信心。

树高千尺不忘根，水流万里总思源。在这里，我所说的根和源，其一当然是张一清教授。至今仍然记得我们在河南安阳参加《汉字听写大会》录制时的场景。甫抵安阳，我和张教授一起观摩正在进行的大赛现场，并悄声议论着场上选手们的表现时，我发现张教授竟然能神奇预测出选手的易错点，不由钦佩其学识之渊博。过后才知道，张教授早有“谶哥”

之美誉。后来在《花草字传》一场场推介会上，我一次次现场聆听了张教授不重样的对汉字妙趣横生、引人入胜的讲解，并在他的引领下品味着汉字“一字一文化，一字一历史”的奥妙所在。

在拿到《花草字传》配音稿时，对于张教授信手拈来通今博古的知识点，我丝毫不敢懈怠。引经据典处、多音存疑时必查清楚问明白，恐怕那时数不清的提问叨扰了张教授，而张教授有问必答之谦恭，更让我钦佩其为人。尽管没有为《花草字传》写序，但我由衷写下了腰封上的推介语：张一清教授深入浅出地探究汉字前世今生，解析汉字内外乾坤，引经据典生动翔实，融汇古今兼容并蓄。

追根溯源，还要感激好友龙朝朝。可以说，张教授写文我配音的首秀是在龙朝朝的微信公众号上。她独具创意地联合张教授和我的优势，不仅扩大其公众号影响力，也为“身边汉字”系列丛书的出版埋下伏笔。

更要感激好友姜海涛。2004 年出版的我的个人文学作品集《另岸的风景》，便是海涛担纲策划、美编，至今翻看仍匠心独运，她在专业领域的功底可见一斑！而她不仅没有止步不前，还挺立潮头，敏锐地捕捉到汉字推广前景以及文配音形式潜在的影响力，在山东友谊出版社的大力支持下，迅速组织专门团队，不计成本、不求回报、全情投入，不仅推出“身边汉字”系列丛书，更有月历、丝巾等相关文创产品的问世，可以说硕果累累。

特别感谢山东友谊出版社领导姚文瑞、张继红、韩刚立，他们在前后两辑《字传》的整个出版、发行过程中给予鼎力支持。

特别感谢国家汉办副主任夏建辉，专门对《字传》的出版方向提出很多建设性意见；特别感谢尚爱传媒的好友雨浓，不仅在《职业女性》中安排了专访，还在北京青联的微信公众号中进行热心推介，日常生活中讷于言的我，尽管没有当面道过谢，却感念于心。

还要感谢好友李晶晶、中国新闻社的刘红、香港文汇报的杨帆、中国青少年计算机信息服务网的金锐，他们在图书的宣传报道中不遗余力擂鼓助威。

最后感谢姐姐梁莉，她联络各方资源，为图书推广出谋划策，是我强大的后盾。感谢胜似家人的田甜，感谢编辑陈菁在《饮食字传》录制过程中兢兢业业、严格把关，才使音频录制工作得以顺利进行。

感谢生命中有你，因为有你，我不待扬鞭自奋蹄；因为有你，我收获着友情、温暖和感动；因为有你，用辛勤的汗水浇灌出的花朵粲然绽放，点缀着来时路！

不忘初心，方得始终。

梁艳

2017 年 6 月

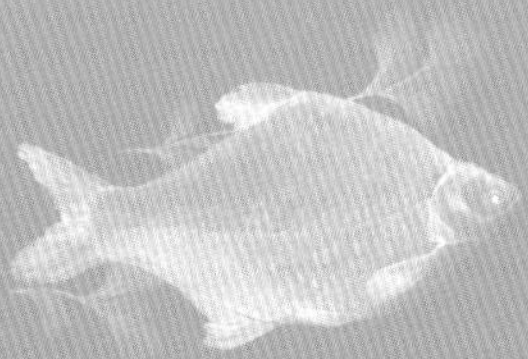

目录

荤

hūn

小篆

隶书

楷书

行书

“荤”这个字上面的“艹”表明它与植物有关；下面的“军”表示它的读音与“军”相近。《说文解字》对它的解释是：“臭菜也。”

《说文解字》对“荤”的解释，用了“臭味”的“臭”字。但是，这个字在这里理解成“浓烈、刺鼻的味道”比较妥当，也就是应当读作 xiù。那么，“荤”的意思就是“味道比较浓烈，而且具有一定刺激性的菜”。例如东汉经学大师郑玄注释《仪礼·士相见礼》“夜侍坐，问夜，膳荤，请退可也[①]”一句的时候，对“荤”的注释就是“辛物，葱薤[②]之属，食之以止卧。”意思是说“荤”属于辛辣之物，吃了可以不犯困。

① 这句话的大致意思是：拜访他人的时候，到了晚上，如果主人问时间或者吃辛辣的东西提神，这就表明他已经困倦，这时理应拜别告退。

② 这个字读作 xiè，指一种类似韭菜的多年生草本植物，鳞茎和嫩叶可以食用。

但是，对于什么样的植物属于“荤”，人们的意见却并不统一。例如清代吴仪洛的《本草从新》和毛对山的《对山医话》等医药学典籍，以及元代黄公绍、熊忠等编纂的《古今韵会举要》等语文工具书，其中都提到：道家以韭、薤、蒜、芸苔、胡荽[③]为“五荤”；佛家以大蒜、小蒜、兴渠、慈葱、茖[④]葱为“五荤”。此外，有些文献还提到练气功武术的人则以小蒜、大蒜、韭、芸苔、胡荽为“五荤”。

由此可见，佛家、道家和习武之人对“五荤”的具体所指有相同之处，也有不同之处。而且其中有的植物具体指的是什么，现在也存在着多种解读。例如佛家“五荤”中的“兴渠”，有人认为是香菜，有人认为是洋葱，也有人认为它是来自梵语的音译外来词，原本指产于我国新疆、西藏以及西亚部分地区的一种有较强刺激性气味的植物。后来由于又从波斯语音译而来，所以也叫“阿魏”。

但是，如果求同存异，无论“五荤”具体指的是哪些植物，它们本质上仍然具有十分明显的共性，那就是每一种植物都具有比较浓郁的气味。

正是由于这种对人的嗅觉乃至味觉所能产生的刺激，所以一些宗教和相关人群就把“五荤”列入了禁忌，清代中医药典籍《本草备要》对佛家的五荤禁忌是这样解释的：“五荤，熟食发淫、生啖[5]增恚[6]，故释氏戒之。”佛家追求的是戒除一切非分之想、清心寡欲、一心修道，而“五荤”却能使人产生欲望与怨念，显然同本心相背，所以必须禁止。例如《西游记》里法号“悟能”的猪八戒就曾对唐僧说：“师父，我受了菩萨戒行，断了五荤三厌[7]”。

我们都知道，“荤”现在主要指的是肉食，也就是一切来自动物并可以食用的部分，而动物与植物是完全不同的生物体的两大类别，风马牛不相及。那么，本来属于动物范畴的肉食，为什么却用了一个原本表示植物的字来概括呢？其中的原因或者是“荤”所表示的植物与

③ 这个字读作 suī，“胡荽”“芫荽”指的都是香菜。

④ 这个字读作 gè，“茖葱”指的是古书上提到的一种草，茎和叶可以食用或药用，也叫“野葱”。

⑤ 这个字读作 dàn，意思是吃。

⑥ 这个字读作 huì，意思是憎恨、愤怒。

⑦ 指道教禁止食用的三种动物肉，即雁、狗、乌龟。“五荤三厌”也泛指饮食禁忌。

兔图
清
沈铨

肉类具有某种共同特征；或者是“荤”所指的植物与肉类相生相伴、相辅相成、形影不离。

清代赵翼编著的《陔[8]余丛考》中有这样几句话：“是诸书所谓荤，皆不指腥血。然《管子·轻重篇》：黄帝钻燧生火，以熟荤臊。荤与臊连言，则荤似即臊之类。”

仔细推敲这几句话，首先可以看到，西汉刘向汇编的《管子·轻重戊》里所使用的“荤”似乎已经有了“肉食”含义，即所谓的“腥血”；其次，“荤”与“臊”连用，或许表明“荤”与表示肉类腥臊气味的“臊”属于同类，所以能够代替对方表达一定范畴的意义。

按照这样的推断，“荤”后来之所以表示“肉食”，可能是因为肉类本身的气味与“荤”字隐含的刺激性气味具有相似之处。当然，也有人认为“荤”之所以后来有了肉食含义，是因为把生肉加工成熟的时候，往往会使用葱、蒜一类辛辣植物做辅料，所以“荤”就由于成为肉类伴侣而近墨者黑了。

虽然按照种种解释，“荤”似乎属于不大受欢迎

羊图
宋
赵福

荤

之类，但是它无疑是肉食者的最爱，例如老舍《骆驼祥子》："亲友们吃三个海碗，六个冷荤，六个炒菜，四大碗，一个锅子。"这是多么酣畅、多么令人垂涎的场景哪！而且，就算是吃素菜，有时候我们还常常会发现荤菜的名称，比如随处可见的"素鸡、素烧鹅"等等。这类食品往往被说成是"仿荤"，早些时候也称作"托荤"，例如《金瓶梅词话》："奶奶，这个是头里庙上送来的托荤咸食⑨，你老人家只顾用，不妨事。"

⑧ 这个字读作 gāi，原本指台阶。"陔余"的意思是奉养父母的闲暇时候。

⑨ 原文用的是"醎食"，是一个方言词语，意思是用面糊裹上菜或者肉，再经过油炸的一种食品。

再行一步

仿荤食品自然是为了偶尔换换口味、尝尝鲜的肉食者预备的，因为他们既想尝试素食的滋味，可又身在曹营心在汉，所以听一听名称里的“肉味”，姑且也能有聊以自慰的作用。

不过对于白居易这种名满江湖的大诗人来说，模棱两可的状态绝对非其所愿，他的诗情、才情令人仰慕，而做人做事的毅力也不得不让人钦佩。

白居易是否嗜荤，不可妄言，因为从他的诗作中看不到孟浩然“故人具鸡黍”或李太白“烹羊宰牛且为乐”一类直陈荤食宴饮场面的句子。但是，白居易青壮年时对酒当歌，甚至豪饮筵宴、欣赏歌妓妙曼歌舞却是铁的事实，樱桃口的“樊素”和杨柳腰的“小蛮”更是白居易家养歌妓的明证。此外，无论是《夜宴醉后留献裴侍中》的对酌，还是《冬初酒熟》的独饮，大量诗作都表明白居易嗜酒，那么，豪饮时不可或缺的下酒菜就给我们留下了想象的空间。而且《食笋》中的“不思肉”一说，也让我们好奇这是尝过肉味之后的反思与抛却，还是根本不想尝试肉类的宣言？至于《渭上偶钓》，则清楚地表明白居易欲钓渭水中的“鲤与鲂[10]”。当然，这里也不排除诗人只是垂钓消遣，甚至是钓来放生，而绝对同烹食无关。

难得的是，年轻时豪气冲牛斗，甚至有些沉湎酒色的白居易，英雄暮年疾病缠身之时，却毅然开始笃信佛教。他青壮年时曾作《劝酒寄元九》：“既不逐禅僧，林下学楞伽[11]。又不随道士，山中炼丹砂。”到了中老年时作《仲夏斋戒月》：“但减荤血味，稍结清净缘。脱巾且修养，聊以终天年。”还有《宿灵岩寺上院》：“荤血屏除唯对酒，歌钟放散只留琴。更无俗物当人眼，但有泉声洗我心。”相较之下，明确表现出他摆脱尘世、皈依佛门的决心和行动。

为了声明并坚持自己的主张，白居易晚年时曾将为挚友元稹撰写墓志铭所得润笔六七十万钱，悉数布施于洛阳香山寺，后来还自号“香山居士”。此外，晚年的白居易也逐渐增加了与僧人、禅师的交往。其中在任杭州刺史时，他与灵隐山韬光寺的高僧韬光禅师就过从甚密。据说有一次，白居易备好一顿斋饭，想请韬光禅师品茶用餐，于是作《招韬光禅师》盛情相

⑩ 这个字读作 fáng，指一种淡水鱼。

⑪ 读作 léngqié，原本指古师子国，即现在斯里兰卡境内的一座山，据说佛陀曾在此讲经。因此，后来也指佛教经典《楞伽经》。也作“楞迦”。在这里指《楞伽经》。

群仙集祝图
清
汪承霈

邀："白屋炊香饭，荤膻不入家。滤泉澄葛粉，洗手摘藤花……"哪承想，韬光禅师却并不买账，而且也回了一首诗婉言谢绝："山僧野性好林泉，每向岩阿[12]倚石眠……城市不能飞锡去，恐妨莺啭翠楼前。"

看起来，白居易倒是十分坚决地戒了"荤血""荤膻"，改吃斋饭，但是在高僧眼里，他却依然身在尘世中，不似佛门圣地清净无尘，因此，并不愿意前去会面。这种想法，实际上和佛家"戒荤"的本质一脉相承。因为据传，佛祖其实也并不认为"荤"仅仅是狭义上的肉食，而是指尘世间的一切欲望、贪念等等，所以佛家也曾有"三净肉"之说，也就是"若不故

⑫ 在这里读做 ē，意思是曲折、弯曲。"岩阿"意思通"山阿"，指山的转弯处。

见不故闻不故疑”之肉，这样的肉是可以吃的。意思是没有见到杀生场景，没有听到杀生的声音，而且业已存在的肉并不是为了佛家弟子食用而宰杀，这样的肉应当不必忌讳。

当然，不同教派、不同时期对于“戒荤”都有特定的理念，的确存在着绝对禁止食肉的戒条，这些禁忌就像不同民族、不同地域的某些饮食禁忌一样，在价值观多元化的当今时代，更应该被理解和尊重。

“荤”由于更多地表示肉食，所以“开荤”最初的意思是“信奉宗教的人解除吃素食的戒律或已满吃斋的期限而开始食肉”，后来也表示“经历某种新奇的事情”，以致还连带产生了“开洋荤”这样的说法，它既可以表示尝试外来饮食，也泛指尝试域外的一切新鲜事物。

不过，由于徐铉[13]在其校订的《说文解字》中曾说“荤”是“方术家所禁，谓气不洁也”，于是“荤”后来也逐渐产生出污秽的意思，进而又发展出低级趣味等等含义。因此，“荤笑话”“荤段子”等都属于低素质人的恶俗趣味，有文化、有修养的人还是不要尝试为好。

⑬“铉”读作 xuàn，意思是古代一种铜制的用来提举鼎的工具。徐铉是五代和宋初人氏，曾校订《说文解字》，该校本影响巨大。

素

sù

小篆

素

隶书

素

楷书

素

行书

“素”这个字在甲骨文里有两种主流字形：一种是由表示丝的“糸[1]”、表示下垂的“𠂹[2]”和左右两只手形符号构成的；另一种则是没有手形符号，只包含“糸”和“𠂹”的。后面这种字形只出现在“素”充当偏旁的其他字里，但是它却被《说文解字》收录的小篆字形所沿袭。《说文解字》对它的解释是：“白致缯[3]也。”

《说文解字》对“素”的解释包含了几个要素，首先明确了它是一种属于“缯”的丝织物，具体指的是“生绢”，同时也提到了它的颜色为白色，并且织得比较细密。例如东汉乐府诗《古诗为焦仲卿妻作》：“十三能织素，十四学

① 这个字读作 mì，意思就是蚕丝。它用作左偏旁的时候，一般要变成绞丝旁“纟”。

② 这其实是“垂”最初的字形，读音和“垂”相同。

③ 这个字读作 zēng，意思是丝织物。

花果册
清
汤贻汾

裁衣。”这首乐府诗的另一个名称《孔雀东南飞》或许我们更加熟悉，其中的种种心酸、痛苦与悲愤实在是令人难以平静，不说也罢。

实际上，许慎解释“素”所说的“白”应当理解为“未经染色”，也就是“本色”。而“致”所包含的“细密”意思则是呼应了字形中的“𠂹”，因为细密的丝织物普遍意味着更好的悬垂感。

由于“素”蕴含着本色，所以段玉裁在《说文解字注》里说：“凡物之质曰素。”刘熙在《释名》里也说“不复加巧饰也”，意思是不加修饰的事物，其本质就可以称作“素”。这其实就是“素质”一说的由来。这种说法意味着最根本、最本真的东西，例如我们现在常说的“素颜照”“素面朝天”等等，指的就是不化妆、不加修饰的容颜。

因为“纯粹”和“质朴”等寓意，所以“素”后来就产生了“素食”的意思。然而，这种意思与现在各色餐厅里形形色色的素菜实际上却相去甚远。

最早的时候，“素”指的是蔬菜、瓜果等植物类食物，例如《仪礼·丧服》中提到“始食菜果，饭素食”。这种“素食”的意思一来是纯天然，就是食物的原生态，顶多用水清洗一下，或者根据需要分割一下；二来是没有煎炒烹炸等等人为的加工过程，更没有油盐酱醋等调味的作料与配料，充其量只是煮熟了就行，人工的痕迹非常淡。

蔬果图
清
赵之谦

花鸟八开之甜瓜悬苦藤
清
恽寿平

素

相比之下，看看现在一些素菜的加工过程，其繁复程度肯定令人咋舌。而且一些新出现的素食类食材，例如魔芋，本身几乎就没有什么味道，它们之所以能够被端上餐桌，前提必须是经过了专门的调味。这种做法其实已经违背了“素”最初包含的“不加修饰”的意味。但是，如果一定要把现如今的素食说成并不是真正意义上的“素”，那也没有多大意义，甚至还有些苛求的味道。因为，所有素菜毕竟严格把握了食材来自植物而不是取自动物的最根本原则。

“素什锦”想必是很多人都不陌生的一种食品，那种咸香的味道、不同原材料丰富的色泽与口感，的确令不少人无条件成为它的拥趸[4]。但是，“素什锦”由于流传地域十分广泛，所以在原材料方面也就有些“仁者见仁，智者见智”了。除了木耳、香菇、玉兰片和面筋等骨干成员，其他食材的选取则更多体现出八仙过海式的多元化状态。而与“素什锦”类似的南京“什锦菜”，其中也有几样食材属于雷打不动的铁杆分子，原因是它们不仅味美，而且还被赋予了非常美好的寓意。例如黄豆芽形似如意，因此喻示“事事如意”；而按照南京话的读音，“荠菜”近似“聚财”，芹菜则与“勤快”相近；黄花菜比喻花样年华，豆制品“千张”则有“千秋百代、代代兴旺”的寓意。

④ 这个字读作 dǔn，意思是“整、整批”等。“拥趸”指的是演员、球队等的支持者、追随者。

再行一步

菜品、食物名称的寓意，显然体现了人们的美好愿望。一些食材由于名称的谐音关系，如“鸡”与“吉”、“鱼”与“余”，便沾了好字眼儿的光，因为名称而走红，从而成为餐桌上的常客。另外还有一些食材，其实名称本身并不响亮，而且也挖掘不出多少内涵和寓意，但是却并不妨碍人们把由它们制成的菜品起一个吸引眼球的名字。例如有一道极具意境的菜品叫作“桃花泛”，其原材料实际上是虾仁、锅巴等，主料经过炸炒烹制，装盘后再淋入勾了薄芡的酸甜可口的番茄色调味汁……无缘此菜的老饕⑤们，现在只能抱歉地请你们发挥一下想象力了。

花心思给菜品起一个好名字，这肯定是一桩好事，但是如果想让菜品进入食客头脑中的常备菜单，内容无疑才是王道，这也是一种秀外慧中。而且，随着人们生活水平的不断提高，营养均衡逐渐成为饮食主流。因此，合理适宜的荤素搭配随之成为餐厅点菜或自己料理时必须留意的一个要素。例如《红楼梦》第七十一回：“先到怡红院，袭人装了几样荤素点心出来与尤

⑤这个字读作 tāo。“饕餮”是传说中贪吃残食、腐食的一种动物，后来也指一切贪食者。“老饕”的意思是极其能吃，也指贪食者。现在一般用来指美食爱好者、爱吃的人。

氏吃。”可见那时候的大户人家已经是有荤有素的食品配比了。

如果关注当今社会的饮食风尚，似乎不难发现，随着生活水平的提高，人们在大鱼大肉的快意之后，素食者的比例却呈现出上升势头。这种风潮其实也完全符合中国传统的养生之道。例如享年85岁的长寿老人，南宋著名诗人、词人陆游，他就曾作《杂感》：“肉食养老人，古虽有是说。修身以待终，何至陷饕餮。晨烹山蔬美，午漱石泉洁。岂役七尺躯，事此肤寸舌。”另外在《菜羹》一诗中，他也明确表示：“青菘[⑥]绿韭古嘉蔬，莼[⑦]丝菰[⑧]白名三吴。台心短黄奉天厨，熊蹯[⑨]驼峰美不如……地炉篝火煮菜香，舌端未享鼻先尝。”

从陆放翁的诗作中，我们能够非常清晰地感受到他对于肉食与素食的态度，甚至连极个别人偶尔才能奢侈一下的极品美味熊掌、驼峰，在他眼里也比不上白菜、韭菜、莼菜和茭白。而且更加返璞归真的是，放翁先生加工青菜的方式也是至简至纯的清水煮，例如《病中遣怀》中的“菘芥煮羹甘胜蜜，稻粱炊饭滑如珠”，还有《病酒新愈独卧苹风阁戏书》中的“自烧沉水瀹[⑩]紫笋”等等。

⑥ 这个字读作 sōng，古时候指白菜。

⑦ 原文用“蓴”，《说文解字》的解释是“蒲丛”，读音是 tuán。但是段玉裁《说文解字注》和其他古代工具书，都说“蓴”也通“莼菜”的“莼”，读音和意思都与“莼”相同。

⑧ 这个字读作 gū，既指茭白，也通“菇”。这里指的是茭白。

⑨ 这个字读作 fán，意思是野兽的脚掌。

⑩ 这个字读作 yuè，意思是煮。

除了陆游，在我国古代，对肉食与素食发表言论的人其实也并不在少数。例如据说由西汉礼学家戴德编著的《大戴礼记》，其中就有“食肉勇敢而悍，食谷智慧而巧”的说法。显然，这位西汉时期的古人把食肉说成是孔武有力、勇猛果敢的源泉；而把吃粮食看作是产生智慧与机巧的根由。然而，在据说是吕不韦及其门客撰写的《吕氏春秋·孟春纪第一》中，吕氏则认为：“肥肉厚酒，务以自强，命之曰‘烂肠之食’。”他说如果哪个人勉强自己吃肥腻的肉食、饮浓烈的酒水，这简直无异于让肠胃自讨苦吃。

古人早就说过“过犹不及”，清代文人李密庵在《半半歌》里也主张“肴馔半丰半俭”。联系荤食、素食问题，这些古训其实都在启发我们，荤素平衡才是人体健康的保障，饮食偏好毕竟对人的健康不利。当然，如果出于种种原因而有饮食方面的习惯或禁忌，那也最好根据自身具体情况合理安排膳食，真正对自己的健康负起责任。

古代文献中虽然不乏谈论素食的言论，但是如果我们在古代文献中看到“素餐”，却一定不要想当然地认为这也是在说

"素食"。因为"素餐"在古代真正的含义近似于"不劳而获"，或者用大白话说就是"吃白食"。例如《诗经·魏风·伐檀》："不狩不猎，胡瞻尔庭有县[11]貆[12]兮？彼君子兮，不素餐兮。"这首诗的主题是质疑、质问奴隶主为什么可以不劳而获，所以诗中首先提出他们从来不打猎，可是为什么家里的屋檐下却挂满了猎物？随后发表评论说君子无功不受禄，不应当享用自己没付出劳动的成果。"素"在这里并不是"荤素"的"素"，而是由最初"未经染色"意思发展而来的"空、无"等义，所以"素餐"的意思相当于"没有付出劳动而去白吃"。

更加令人迷惑的是，这首诗后面还有和"素餐"意思完全相同的"素食"。这一类说法正是现在仍然还在使用的成语"尸位素餐"的源头。"尸位"的意思大致是"空占职位，不尽职守"，和"素餐"连在一起，意思很清楚：占着位子不作为，只要待遇不付出。这样的人，若不考虑人道之心，无论荤素，或许都不应该让他们白白享用。

⑪ 本身是"悬"最初的字形，但是后来被借去表示行政区划之后，原来的读音与意思就停留在了古代经典中。这里就是"悬"的意思，读音也应当与"悬"相同。

⑫ 这个字读作 huán，指貉的幼崽。

肉

ròu

“肉”这个字在甲骨文里写作，像是一块肉的形状。《说文解字》对它的解释是：“胾肉。象形。”

《说文解字》的解释，用了一个现在非常罕用的字。这个字读 zì，字形是用“肉”替换了载重的“载”里面的“车”，意思是切成大块的肉。那么，“胾肉”一说显然有重复之嫌，好像是“切成大块肉的肉”。其实如果仔细揣摩，似乎可以认为许慎是在表述肉能够被切开的特点，因为与他同时代的另一位训诂[1]学大师刘熙，在其所著《释名》中对“肉”的解释是“柔也”。也就是说，刘熙从读音相近的角度考证，认为肉的本质特征是柔软，所以才容易被切割。因此，对“胾肉”这个解释比较恰

小篆

隶书

楷书

行书

① 这个字读作 gǔ，意思是用通行的话解释古代语言文字或方言字义。

当的理解应当是“能够被切成块的肉”。

大块吃肉，大碗喝酒，这来自远古先民的遗风，其实在今天也常常令我们食指大动、豪气冲天。而在古代，按照《周礼·考工记》的记述，“食一豆肉，饮一豆酒，中人之食也。”这里所说的“豆”，可不是黄豆、芸豆或大蚕豆的“豆”，而是指古时候的一种食器，相当于有足的碗，容量约 4 升。也就是说，喝 4 升酒、吃体积相当于 4 升的肉不过是中等饭量人的食量。

如果以今天的度量衡单位解读，4 升酒基本上就是 4 斤酒，考虑到肉的比重一定大于酒，所以 4 升肉肯定不少于 4 斤。这样算来，我们祖先的饭量和酒量都难免有些惊人。而参照目前出土的春秋战国时的一种量器“商鞅方升”，它的实际容量换算成今天的计量单位约为 200 毫升，也就是说当时的 4 升大约相当于今天的 800 毫升。因此，“一豆肉，一豆酒”大体上等于 2 斤肉、1 斤半酒。这食量，与现代人相比，也还算合理。

实际上，是否成块并不是肉的本质特征，而只是反映了古人造字时对事物外部特征的一种观察。到了清代，段玉裁在《说文解字注》中对“肉”的进一步解释已经变成：“人曰肌，鸟兽曰肉。”

当然，按照现在比较科学的观念，“肉”被解释成：人和动物体内接近皮的部分的柔韧的物质。设若能够准确理解和把握这种解释，那么，我们每个人或许就都能接近“未尝见全牛[2]”的庖[3]丁了，无论是丝儿、片儿、丁儿、块儿，还是切细剁碎的馅儿料，抛开形式，反正都是肉。

肉是人类营养的重要来源，在法律、道义前提下的捕猎与饲养，大都是为了人的生存与成长。天上飞的，地下跑的，水里游的，都可以成为荤食者获取肉类的源泉。

“古老肉”在不少西方人眼中，俨然是中餐的代表。这道菜据说源自清代，当时有许多外国人来广东一带做生意，他们既喜欢中餐，也有不太适应的情况。于是，屡屡得风气之先、向来不缺创新意识的广东大厨们，马上针对西洋人爱

② 故事全文见古代文献《庄子·养生主》。

③ 这个字读作 páo，原本指厨房，后来也指厨师。

四羊图
宋
陈居中

吃糖醋排骨，可是又难以接受吃肉吐骨头这种进餐形式的情况，反复钻研尝试，终于创出了以猪里脊肉为主料、后来风靡全球的“古老肉”。

“古老肉”这个菜名据说表示烹调方法历史悠久。而这道菜的另一种名称“咕噜肉”则含有一丝谐谑[4]意味。一种说法是西洋人发不准“古老”这两个字的读音，所以说成了“咕噜”；另一种说法是这道菜只要一端上餐桌，红艳诱人，香气扑鼻，让人忍不住“咕噜、咕噜”咽口水。

而蟹肉小笼包，又名“蟹粉汤包”等，除了催生人的口水，它本身所含的汤汁还可以和人的口水美妙地融合。这道精致的点心不出所料地源自江南水乡，它取新鲜河蟹的肉与黄，再加入猪肉糜，然后用葱姜末和麻油等调味，以面皮包馅儿的时候掺入鸡汤冻或肉皮冻，上笼蒸制十几分钟即成。成品上桌，馋虫欲动的食客们切记“心急吃不了热豆腐”，谨防馅里面饱满鲜香的汤汁烫了嘴。正确吃法是用筷子尖儿先将面皮轻轻挑开一个小口，然后滴入香醋，既调味,又降温,接着顺着挑开的小口慢吮汤汁，再细嚼面皮、馅料……据说这道令人垂涎的美味，已经滋润食客们的味蕾、脏腑长达两百多年。

④ 这个字读作 xuè，意思是开玩笑。

肉形石
清

再行一步

肉食对人体的滋养在于本质而不在于形态，就好像“肉”这个字实际上也会变形，但是本质上还是“肉”一样。例如“肠、胃”这两个字，前者的左边和后者的下边在小篆以及小篆以前的古文字里，原本都是“肉”的古文字形。只是由于“肉”的古文字形和“月”的古文字形比较近似，所以后来“肉”在充当左偏旁和下偏旁的时候往往就改变了形体。这样一来，字形结构其实也更加规整美观，而且左偏旁和下偏旁的“月”，第一笔还不一样，一个是撇，一个是竖。但是无论如何，它们本质上还是“肉”，所以我们现在还把它们称作“肉月旁”。

大千世界的“肉”，除了形态纷繁，实际上种类也极其多样。庞然大物巨鲸是肉身，渺小的草虫同样是肉体。我们常常还会听到“果肉”等等说法，例如贾思勰《齐民要术·种竹》中有“取笋肉五六寸者”。这是因为按照类比方式，瓜果一类果实等除了果皮和果核，其余的部分与动物表皮和骨头之外的部分本质上非常相似。

唐人宫乐图
唐
佚名

虽然“肉”后来不仅仅表示含有动物脂肪的那类肌体组织，但是“肉食者”“食肉动物”等却仍然指的是嗜荤者。例如《左传·庄公十年》中著名的《曹刿[5]论战》故事，曹刿对那些饱食终日的权贵简直不屑一顾，他非常轻蔑地说：“肉食者鄙，未能远谋。”曹刿认为这些衣食无忧的人只会贪图享乐，目光短浅，不具备放眼未来、谋划明日蓝图的能力。

至于“肉食者”为什么会目光短浅、缺乏谋略，《左传》则并未借曹刿之口予以解释。大约两千年之后，清代的李渔在

⑤ 这个字读作 guì，意思是用利器刺伤。

他的《闲情偶寄》中，却对“肉食者鄙”给出了自己的解读。他说：“食肉之人之不善谋者，以肥腻之精液，结而为脂，蔽障胸臆，犹之茅塞其心，使之不复有窍也。”

李渔的说法，很像成语“脑满肠肥”，一幅充斥体内的脂肪壅[6]塞了一切器官与通道的滑稽画面，所以，哪里还会有豁然开朗的思维运行呢。而且，李渔还举出食肉者的代表——老虎做例子。他分析说，考据古代文献中有关“虎不食小儿”“虎不食醉人”“虎不行曲路”等可以推断，小孩由于缺乏生活经验，所以无知者无畏，他们不怕老虎；而醉汉由于酒精蒙蔽了正常心智，所以往往傻傻地不怕任何危险。对于这两类人，老虎如果遇见，常常是狭路相逢勇者胜，嚣张的一方变成了小孩和醉汉，于是落荒而逃的只能是表面上威风凛凛的大老虎了。而弯曲的道路，由于阻断了看清去路的视线，也常常令只会逞匹夫之勇的老虎不知所措，因此，人在这样的情况下很容易逃脱老虎的巨口和利爪。

由此可见，身形庞大、声震山林的老虎，智商却低得可怜，完全是一副蠢笨无谋的模样。这也正应了“肉食者鄙”的古训。

⑥这个字读作 yōng，意思是堵塞。

然而，书本上的一些说法还是不要盲目验证为好，就算为老虎的自尊心着想，我们最好也不要幻想着去招惹它、挑逗它，甚至是捉弄和奚落它。如果实在有闲，还不如把玩些古物，陶冶一下欣赏文物的情趣。

玉璧是古代文物的佼佼者，“价值连城”“完璧归赵”等故事几乎妇孺皆知。有关璧的形制，《尔雅·释器》等古代文献有一种说法叫“肉倍好谓之璧”。这里的“肉”和“好”分别指的是实的玉边和中空的孔，句子的意思大致是玉边为孔径的两倍的叫作“璧”。

依照这种说法，古代还有“好倍肉谓之瑗[7]，肉好若一谓之环”等，大致意思是孔径为玉边的两倍的叫作“瑗”，孔径与玉边对等的叫作“环”。

⑦ 这个字读作 yuán，指的是孔较大的玉璧。

蔬

shū

蔬

“蔬”这个字上面的“艹”表明它的意思与植物有关，下面的“疏”表示它的读音与“疏”相近。《说文解字》对它的解释是：“菜也。”东晋著名训诂学家郭璞在给《尔雅》“谷不熟为饥，蔬不熟为馑”一句作注的时候说：“凡草菜可食者，通名为蔬。”可见，“蔬”与“菜”最初的意思基本相同，指的都是草类植物中一切可以食用的品种。

然而，《礼记·曲礼》里面有一句“稻曰嘉蔬”，却很容易让我们产生恍惚之感：水稻明明是粮食作物，怎么就变成蔬菜了呢？再看东汉经学大师郑玄对《礼记》的注疏，他对“稻”的注解是“菰蔬之属也”；而他在注释《周礼·大[1]宰》时，

小篆

隶书

楷书

行书

① 这里应当读作tài。“大宰”是西周时设置的高级官职，属于“六卿”之一。但是史学界对“六卿”的具体所指存在不同意见。

则说“蔬”是“疏[2]材草木根实可食者”。

由此可见，“稻”与表示茭白的“菰”有关，而“蔬”则可以宽泛地表示蔬菜类草木可以食用的根和籽实。更巧的是，原本属于蔬菜的茭白所结出来的籽实“菰米”，正是古代“五谷”之外的又一种谷物，即所谓的“六谷[3]”之一。因此，“蔬”既然具有“植物籽实”的含义，那么《礼记》中说“稻曰嘉蔬”显然就是合理的，因为水稻本来就是植物的籽实。更何况，“稻（稌）”和“菰米”同列“六谷”，它们本身也具有比较密切的关系。

“菰米”在古人眼中可是一种味道很好的谷物，李时珍在《本草纲目》中引北宋药物学家苏颂[4]的话说：“菰米”是菰蒋草，即茭白的籽实，又称“雕胡米”，古人以为美馔。从古代诗文看，这种说法无疑是正确的，例如唐朝诗人王维在《游化感寺》中就有“香饭青菰米”，另外在《送友人南归》里还有“楚人菰米肥”。

而诗仙、诗圣同样也写过提及“雕胡米”的诗，如李白《宿五松山下荀媪[5]家》中的“跪进雕胡饭，月光明素盘”；还有杜甫《江阁卧病走笔寄呈崔卢两侍御》中的“滑忆雕胡饭，香闻锦带[6]羹”。

由于茭白这种植物既具有蔬菜的特性，其籽实又具有谷物的特性，所以在古代祭祀活动中便被称作“嘉蔬”。而“嘉蔬”这种说法本身，在古代文献中也具有“嘉美的蔬菜”含义。例如南朝宋傅亮《喜雨赋》中的“洒丰浸[7]于中畴，覃[8]余润[9]于嘉蔬”，再如杜甫《寄李十四员外布十二韵》中的“闷能过小径，自为摘嘉蔬”。

然而，对比这两首诗的全文之后不难看出，诗圣吟咏“嘉蔬”实属自娱自乐，在寂寞中打发时日；而傅亮言及“嘉蔬”，则或多或少有些拍君王马屁的意味。全诗内容看似赞美丰沛、及时的雨水，可是“嗟我皇之翼翼”等诗句则显露出傅氏借自然风物称颂帝王德政的意图。他的用意是说连上天都在用“风调雨顺”来保佑他的君主。当然，从傅亮的其他

② 这里通“蔬”。

③ 主要见于秦汉之前，即“稌（tú）、黍、稷、粱、麦、菰”。

④ 祖籍福建泉州，北宋元祐年间曾官至右宰相，除了著述《图经本草》等药物学典籍，他还是著名的天文学家和天文仪器制造大师，著有《新仪象法要》等，并主持复制天文观测仪器“水运仪象台”。

⑤ 这个字读作 ǎo，指年纪比较老的女性。

⑥ 这里指莼菜。

⑦ 指丰沛的雨水。

⑧ 这是个多音字，读 qín 的时候，表示姓氏；读 tán 的时候，意思是“延长、延及”等，同时也可以表示姓氏。这里是后一种读音和意思。

⑨ 在这里指向四旁流淌和浸润的水。

作品看，他也曾对当时南朝宋的帝政以及自己的仕途有过反思，可惜的是，最终他虽风光一时，还是难逃被皇家诛杀的悲惨结局。

风调雨顺，自然会五谷丰登、丰收在望。而且，有了这大自然的强有力保障，蔬菜、果品等等也会喜迎好年景。“蔬果”正是把蔬菜和果品合在一起的一个词语。例如唐代诗人韦应物的《郡斋雨中与诸文士燕集》：“鲜肥属时禁，蔬果幸见尝。”由于时禁，无法吃到荤腥，看上去诗人对于能够品尝到新鲜的蔬菜水果也是欢欣雀跃的，更何况他还是从暑热引起的疾患中刚刚康复。再如宋代词人周邦彦的《浣溪沙慢》：“水竹旧院落，樱笋新蔬果。”这位遣词用字极其规整、考究的词人，用“水竹”勾勒出了蕴含岁月痕迹的庭院，一个“旧”字，并非破旧之“旧”，而是通过成年翠竹和人工池塘等折射出了岁月积淀的历史；而一个“新”字，则将鲜艳悦目的应季水果樱桃，以及含烟带雾、水灵鲜嫩的竹笋，化作了给蔬果一类带来新气象的精灵和使者。

蔬

紫茄图
元
佚名

再行一步

蔬果之美，美在新鲜；而“蔬甲”之美，则美在生命的初始律动。

“蔬甲”指的是蔬菜刚刚萌发的幼芽。例如宋代梅尧臣《晴》中的“苑花犹带湿，蔬甲已微青”；还有清代唐孙华《寿郭雉先生七十》中的“小圃雨滋蔬甲长[10]，平田水满稻花秋”。

“蔬甲”之所以表示幼芽，是因为“甲”具有植物种子最外面的硬壳这种含义。例如杜甫《种莴苣》中有“两旬不甲坼[11]，空惜埋泥滓”，这两句诗的意思是莴苣的种子如果不能在二十天之内发芽，那就要非常遗憾地面对白忙活一场的局面了。而明朝王世贞《王复过斋中小酌》中的“菜青初破甲”，表达的则是菜芽冲破坚硬的外壳探出头来，身形虽显稚嫩，却依然焕发出勃勃生机，并没有让胎死腹中的悲剧发生。

种子发芽所标志的坚韧，与竹笋顽强地冲破地面实在具有异曲同工之妙。而且刚刚衍枝蔓叶的蔬菜苗和涉世未久的鲜嫩竹笋，无疑都是人们眼中极佳的美味。例如宋代吴自牧《梦粱录》：

⑩ 在这里读作 zhǎng，意思是生长。

⑪ 这个字读作 chè，意思是裂开。

“凡饮食珍味，时新下饭，奇细蔬菜，品件不缺……增价酬之，不较其值，惟得享时新耳。”这些话除了让我们对宋朝人热爱美食的风尚由衷地羡慕之外，还能看到当时的人们对“细”菜的追捧，而这个“细”字最初的意思就是“幼小”，“奇细蔬菜”指的就是比较少见和生长时间不长的青菜。

但是，当“蔬”和“笋”连在一起构成“蔬笋”的时候，这个词语除了指蔬菜和竹笋（例如宋代王明清《挥麈[12]后录》：“野人岂识堂食之味，但林下蔬笋，则常吃耳”），还可以表示佛门弟子在所创作的诗文中流露出的某种特殊风格和气韵（例如苏轼《赠诗僧道通》：“语带烟霞从古少，气含蔬笋到公无”）。

王氏文章中这句话，自谦乃山野之人，没见过高堂殿宇中的珍馐美味，只是曾经有幸品尝山林之中的菜蔬与鲜笋。而东坡先生的诗句，则是称赞道通高僧的诗文一改过去僧众文章中所含有的寺院气息抑或某种特别的腔调和习气。对这两句诗，东坡先生还自己作注说：谓无酸馅气也。

“酸馅气”指的是僧人在诗文字里行间渗透出来的那种特有腔调与习气，而且这种说法略带讥讽。之所以把这种腔调称

⑫ 这个字读作 zhǔ，古书上指鹿一类的动物，其尾巴可以做拂尘。

瓜虫图
宋
佚名

作“酸馅气”，是因为佛门弟子禁食荤腥，只能吃蔬菜、竹笋、菌菇等，而以这类食材做馅料的包子就叫“酸馅”。例如元曲四大家之一马致远的《荐福碑》：“秀才，你闲也是忙。忙便罢，闲便来寺里吃酸馅来。”

佛门弟子因为常年在庙宇之中吃这一类食物，经年累月，想必会产生某种特有的气味，所以世人就用“酸馅气”戏称僧人诗文的气韵与腔调。例如宋代叶梦得《石林诗话》：“又自作一种僧体，格律尤凡俗，世谓之酸馅气。”

又因为所谓的“酸馅”常常是以蔬笋为原料，所以“酸馅气”自然也就可以被称作“蔬笋气”。例如金末元初文人元好问《木庵诗集序》：“诗僧之诗，所以自别于诗人者，正以蔬笋气在耳。”

僧人修道清贫，这是不争的事实。而且按照人们对生活水平的一般判断标准，肉食总是比蔬菜价格更高，也更加金贵，所以“蔬食”就成了清贫的标志。例如《后汉书》记载的东汉高官朱穆：“禄仕数十年，蔬食布衣，家无余财。”“布衣”与绫罗绸缎相比，显然也属于俭朴、清寒的衣装，所以常常和“蔬食”连在一起使用，既可以说“蔬食布衣”，也可说“布衣蔬食”。

当然，古往今来，安贫乐道、甘于清贫的也大有人在。例如《魏书·卷四十七》：“虽居显位，每至困乏，麦饭蔬食，忻[13]然甘之。”再如白居易《答崔侍郎钱舍人书问因继以诗》：“旦暮两蔬食，日中一闲眠。”显然诗人对这种清贫恬淡的生活也是乐在其中的。

⑬ 这个字读作 xīn，本来意思是“开导、启发”等。在这里与“欣”的意思相同。

菜

cài

菜

“菜”这个字上面的“艹”表明它的意思与草木有关；下面的“采”表示它的读音与“采①”相近。《说文解字》对它的解释是“草之可食者”，意思是说“菜”指的是草类植物中那些可以食用的品种。

再参照段玉裁的《说文解字注》，“此举形声包会意。古多以采为菜”。他的意思是说“采”在“菜”字里面除了表示读音，也与意义相关，因为可以食用的蔬菜基本上都是通过采摘收获的。而且，在古代文献中确实也存在“采”“菜”通用的现象，例如下面我们将会谈到的“释菜”，一些古代文献中也用“释采”。

菜的本源既然是草，最初一定来自

小篆

隶书

楷书

行书

① 这个字在普通话里也存在着第四声读音，但对应的意思是封建时代卿大夫的封地，如“采邑”等。“菜”字里面包含的则是读作第三声的“采”。

野生，随后才出现人工种植的情况。例如《吕氏春秋·孝行览第二》中的“菜之美者，昆仑之蘋”，这里的“蘋”指的是含有多种人体所需微量元素、营养十分丰富的一种草类植物。根据《本草纲目》记载，这种植物也称“四叶菜、田字草”等。这种菜既然生长在昆仑山上，最初显然属于一种野生植物。

而陆游在《月下醉题》中写道：“闭门种菜英雄老，弹铁[②]思鱼富贵迟。”里面提到的“菜”，则无疑是人工种植的蔬菜了。不过，谁都知道陆游素以胸怀报国大志而著称，他的许多诗文也都是直抒胸臆，所以这首看似说醉话的诗应当也不例外。事实的确如此，这首诗里面提到的“闭门种菜”其实说的是三国时的刘备。这位刘皇叔当时在他后来的强大对手曹操门下韬光养晦，种菜是假，掩人耳目、暗中图谋是真。因此，再参照陆游写这首诗是在被罢官后的背景，还有诗里提及客居孟尝君门下怀才不遇的冯谖[③]、功成名不就的汉朝名将李广以及春秋战国时命途坎坷的著名刺客要（yāo）离，或许我们不难看出，这首诗还是以空怀报国之志的慨叹为基调。

芦塘芥菜图
明
郭诩

与陆游这首以典言志的诗作相比，诗圣杜甫的《园官送菜》则是借物言说人世间的种种了。整首诗以“清晨蒙菜把，常荷④地主恩”开篇，看上去很像是一大早收到了新鲜蔬菜，因此心怀感激之情。而实际上，这首诗却是借园中可吃之菜与有害之草等等比拟人事，如“青青嘉蔬色，埋没在中园”，而且诗中还有“小人塞道路，为态何喧喧”这样直言不讳的句子。

② 这个字读作 jiá，原本指冶铸金属器具时使用的火钳一类用具，后来也指剑或剑柄。“弹铗思鱼”典故参见本书“鱼”字相关内容。

③ 这个字读作 xuān，基本意思是欺诈、遗忘等。

④ 在这里读第四声，最初意思是担负，后来发展出“承受、承蒙”等意思，又特别用来表示对他人的感谢，如“不胜感荷”等。

豆类和蝗虫
清
李鱓

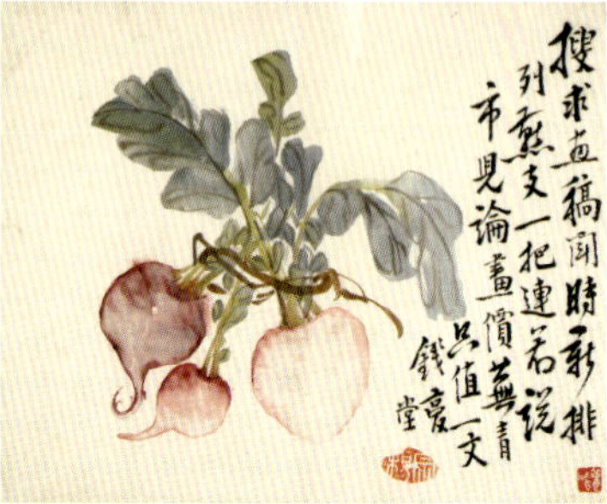

萝卜
清
李鱓

青菜入诗，居然能包含如此丰厚的意蕴，而我辈俗人，眼中却只有能够入口的菜肴，目光亦徘徊流连于川、鲁、粤、淮扬或本邦菜等等菜系之间。扪心自问，难免汗颜。

幸好，中华美食也是文化，因此，自从“菜”由纯粹表示蔬菜，后来发展到指主食之外的一切荤素美味，再发展到表示各种地方风味、民族风味等等，于是乎，它便在满足我们口腹之欲的同时，也给一切老饕提供了品味文化的口实。

要说食客品味美食与文化，各大菜系自然是不可或缺的选择，但是，不知从什么时候开始，各种菜系的豪华餐馆似乎已经不足以彰显酒宴主人的品位与诚意，代之而来的是如雨后春笋般不断涌现的“私房菜”“私家菜”。这类餐馆，就餐环境往往少了金粉气，着意营造的反而是一种居家氛围，家什、菜品删繁趋简，令人更能专注于味蕾的享受以及和亲朋之间情感的交流。而且更加重要的是，“私房菜”除了后厨给力，不同餐馆以至同一家餐馆的消费水准也有不同档次，使慕名而来的人多了选择的余地，减少了高门大户带给人的疏远感和冰冷感。

有关私房菜的起源说法不一。有人认为来自大户人家的家厨，也有的主张是官府菜在民间的延伸。不论是哪种情况，私房菜的出现与沿革，给中华美食的确增添了清新雅致的一笔，并且还让一众食客有了上佳的觅食之处。

翠玉白菜

清

再行一步

饮食文化在“菜”上面的体现，从古至今内涵相当丰富，在某些情况下，它甚至还成为人们身份认同的一种标志。除了代表某个民族、某个地域的群体性或社会性饮食习惯、口味取向等等，在我国古代，若是新媳妇嫁入公婆亡故的夫家，“菜”在祭奠已故公婆并表明长幼关系的仪式上就成了主角。例如《仪礼·士昏礼》中有这样的描述：“若舅姑⑤既没，则妇入三月，乃奠菜。”这种礼仪的主要目的是通过用菜祭奠公婆成就刚入门的儿媳妇供养公婆的义务与孝心。这样的仪式既称作“奠菜”，也称作“庙见”。

与“奠菜”同属于古代礼仪的，还有一种叫作“释菜”的仪式。这种仪式是学生入学时祭祀圣人先师的一种礼仪。它还称作“释采”，也称作“舍⑥采、舍菜”。

“释”具有放下的意思，例如“手不释卷”等。“舍”按照本源，最初应当表示口头发布，随后发展出“释放、给予、安置”等意思。所以，“释菜”这一类说法，大体意思就是“置

⑤ 在这里，“舅”指的是公公，“姑”指的是婆婆。

⑥ 这是个多音字，读第三声的时候，表示放下、放弃等；读第四声的时候，表示房屋建筑等。虽然多数工具书把这里的“舍”标注成第四声，但是按照该字的本源，特别是它在这里与“释”通用的情况，把它处理成第三声更加适当。

菜”。例如，明代归有光《顾夫人八十寿序》中有“公予告家居，率乡人子弟释菜于学宫”。

此外，“释采”后来也指君主亲临亡故大臣府上吊唁时，于入门前向门神致礼的仪式，例如《仪礼·士丧礼》：“君释采，入门，主人辟。”这里的“释采”，古代也有一种解释是贵宾在进门前脱去华美的外衣。因为“释”和“舍”都有除去的意思，而“采”则有“彩色、华彩”的含义。

“菜”和“采”在上述情况通用的时候，虽然也借光隐含了“华美”的意思，但是按照它自身的发展脉络，后来却发展出质量、品级、程度等比较一般甚至低劣的含义。例如，朝鲜半岛在王氏高丽和李朝时期流行的汉语学习读本《老乞大[⑦]》里面就有这样的用法：“夏里系玉钩子，最低的是菜玉，最高的是羊脂玉”。

因此，现在的问题就成了，“菜”为什么会从最初表示蔬菜的意思发展出“质量次”的含义呢？

要想理清楚这个问题，恐怕还得从“菜”最初的意思说起。诚然，蔬菜的确是一种可以饱腹而且对人体有益的东西，但是，

⑦ 学界有一种意见认为“乞大”就是“契丹”，而“契丹”当时指中国，所以“老乞大”意味着“老中国”，也就是“中国通”的意思。

仅凭经验我们也都知道：第一，人体内部的营养均衡非常重要，单单摄入青菜肯定不足以维持平衡；第二，相对而言，纯粹的蔬菜类食物大都消化较快，换句话说也就是不太禁饿。因此，古代就存在着“菜肠”一说，意思就是肚子饿，同时也指饥饿的肚子。例如唐代黄滔《出关言怀》：“菜肠终日馁，霜鬓度年秋。”

由于肚子常常不饱，积月累年之下，仅仅食菜之人往往就会面带“菜色”，例如东汉班固《汉书·元帝纪》中的“岁比灾害，民有菜色”。这里的“菜色”，指的就是由于连年受灾、粮食歉收等而导致的饥民营养不良的脸色。营养不良，脸色自然难看，与肤色红润饱满相比，显然在程度上就差了许多。由此可见，“菜”由最初表示蔬菜，后来通过“菜肠”“菜色”等，就同程度差挂上了钩。

这种意思上的延伸，带来的结果就是，许多包含“菜”的词语都与“差”扯上了关系，例如“菜货、菜包子”等。比如姚雪垠《长夜》：“像王三少那样的大烟鬼，连走路快一些就会发喘，打起仗来一定是个菜包子。”至于现在比较流行的“菜鸟”，指的也是新手、生手，或者是某方面技能低下的人，例如光明网在 2011 年 5 月 5 日发布的文章《庄姓之人》中写道：“好在三天海选过去后，菜鸟级的选手大多淘汰”。

菜

菜根图
明
唐寅

鸡

jī

雞

“鸡”这个字在甲骨文里有写成象形字的；也有写成后来小篆、隶书、楷书等繁体字形所沿袭的非象形字（雞），左边“奚落”的“奚”表示它的读音与“奚”相近，右边原本指短尾鸟的“隹[①]”表明它的意思与鸟禽有关。《说文解字》对它的解释是：“知时畜[②]也。”

所谓“知时畜”，指的是公鸡在黎明时打鸣、啼叫的生物特性，也就是令习惯于睡懒觉的人比较郁闷的雄鸡报晓现象。

关于这种现象，根据三国时期宋均作注、清代黄奭[③]辑录的《春秋说题辞》，古人认为，鸡是阳气积聚的生物，黎明时分能够感觉到太阳即将升起，于是便

小篆

隶书

楷书

行书

① 这个字读作 zhuī。

② 这是个多音字，读 chù 的时候，表示人类饲养的鸟兽；读 xù 的时候，表示“饲养、培养”等。这里是前一种读音与意思。

③ 这个字读作 shì，基本意思是“盛大的样子”等。西周时和周公旦一起辅佐周成王的还有“召公奭”。

用啼叫传达这种感应。当然，先天具有这种本能的几乎清一色都是公鸡，母鸡是否具备同样的天赋，人们不得而知，因为它们并没有用任何行为表现出这样的本能。因此，我国古代一直流传着“牝④鸡无晨”一说，意思是说母鸡并不具有打鸣报晓的特性。

根据现代科学研究，公鸡报晓的原因在于它们脑子里有一种名为“松果体”的腺体，这种腺体一到天黑就会分泌一种叫作“黑色紧张素”的激素，这种激素可以令公鸡对明暗变化极其敏感，因此，它们就会在光线变化时本能地鸣叫。

任何动物的本能原本无所谓好坏，但是自从春秋战国时“四公子”之一孟尝君门下的两名门客装鸡扮狗，偷盗狐裘、骗开城门之后，“鸡鸣狗盗”便成了对没什么大本事或者偷偷摸摸做事的人的一种讥讽与轻蔑。例如清代文康《儿女英雄传》：“报仇的这桩事，是桩光明磊落，见得天地鬼神的事，何须这等狗盗鸡鸣，遮遮掩掩。”

这完全是由于人的不慎反而令鸡狗蒙冤。但是轻视归轻视，无论雌雄、羽色、肥瘦、老幼，各种类型

花鸟蔬果册　鸡
清
任颐

鸡

的鸡仍然是人们趋之若鹜的美味。采用酱、卤等方法，甚至只是在沸水、冰水间冰火两重天之后，烧鸡、卤水鸡和白斩鸡等便成为冷碟儿中的明星；而用文火炖煮的鸡汤，除了化身为各种滋补汤品，还可以承担给其他菜品增鲜、提味的重任；各大菜系中，辣子鸡、鸡豆花、肚包鸡等等，更是以它们特有的色香味形丰富着已经琳琅满目的餐桌……而且，中国名菜还一向不缺传说与典故，比如“汽锅鸡”和“叫花鸡”。

“汽锅鸡”据传起源于清朝年间。

④ 这个字读作 pin，意思是雌性的。

鸡图
宋
毛益

当时不知是哪个皇帝巡视云南，地方官为了讨好御驾亲临的主子，于是便向民间悬赏征集云南特色菜。一位名叫杨沥的贫苦青年为了筹钱给母亲治病，所以揭榜并承诺献上一道融合火锅与蒸菜技法的“汽锅鸡”。没承想，到了做菜的时候，他陡然发现已经准备好的汽锅不翼而飞了！这下可犯了欺君之罪。大祸临头的青年，只好向官府道出原委。幸亏那位尝遍龙肝凤髓的皇帝还算开明，了解情况之后，下令赦免了那个青年，这才使得青年避免了一场“六月飞雪”冤案，同时也使得这道名菜得以问世并流传至今。

相比之下，“叫花鸡”的履历显然就没那么高大上了。这道菜一听就是下里巴人的菜式，与“叫花子”缘分不浅。而根据传说，它的确是明末清初江苏常熟虞山脚下一位讨饭者的杰作。他采用最原始的方法，以黄泥包裹整只鸡，然后把泥团放入火中煨烤，等到泥干肉熟，再敲去泥壳享用。这道菜后来经过不同大厨或食客们的改良加工，配料、作料以及外面包裹的材料都有一些变化，但是万变不离其宗，还是沿袭了最原始的烤炙法，同时也继承了似乎难登大雅之堂的菜名。看起来，美食当前，也是英雄莫问出处了。

再行一步

侠客行走江湖，凭的是拳脚刀枪吃饭，有真本事确实可以英雄不问出处。但是按照常理，女子嫁人，夫君是什么样的人、家世如何还是要问问清楚的。不过，民间流传甚广的“嫁鸡随鸡，嫁狗随狗”一说，却难免让人对门当户对的婚恋传统产生几许动摇与质疑。就连诗圣他老人家也在《新婚别》中说：“生女有所归，鸡狗亦得将。”是无奈，还是知足常乐？足以勾起我辈凡人好奇心的是：似乎仅仅见诸诗文却不见于经传的杜工部的千金[5]究竟所嫁何人，当年又是谁荣幸地与名垂青史的老杜结成了儿女亲家？

实际上我们现在所说的“嫁鸡随鸡”，古代文献中最早出现的却是“嫁鸡逐鸡”。例如欧阳修《代鸠妇言》：“人言嫁鸡逐鸡飞，安知嫁鸠被鸠逐。”还有宋代庄季裕的《鸡肋编》：“嫁得鸡逐鸡飞，嫁得狗逐狗走。”

看起来，唐宋时期这种随遇而安的婚嫁意识还真是具有一定的市场。当然，这并不能否定和抵消当时一些青年才俊自强

⑤ 杜甫诗作《北征》中有“床前两小女”，《彭衙行》中则有“痴女饥咬我”等。由此推断，杜甫似乎有女儿。当然，他的女儿在那个多灾多难的时代是否成长到了许嫁的年龄，是否婚配，这些都不得而知。

鸡缸杯
明

不息、发奋图强的精神与作为，他们绝不会由于迎合世俗风潮而堕落成让女子迁就的无能之辈。例如唐代罗隐《题袁溪张逸人所居》："鸡窗夜静开书卷，鱼槛春深展钓丝。"诗句中的"鸡窗"指的是书斋，而不是什么鸡舍的通风口。所以句子的意思是夜深了，勤奋的人却依然在书斋苦读。

可是，明明是人的书房，怎么就成了"鸡窗"呢。这里面其实隐藏着一个传说。故事见南北朝时期刘义庆编著的《幽明录》和唐代欧阳询奉旨主持编纂的《艺文类聚》等。故事大意是：

两晋时期，有一位名叫宋处宗的兖州刺史，偶然买到一只时常打鸣的公鸡。他非常喜欢这只鸡，于是就把鸡笼放在书斋靠近窗户的地方。没想到这只鸡居然通人性、懂人话，所以经常和宋处宗谈天说地，使得宋氏言谈技能大为长进。因此，后来人们就用"鸡窗"表示书房了。

非常巧合的是，在我国古代，和"鸡窗"同样具有励志寓意的，还有一种说法叫作“鸡碑”。这里面同样隐藏着一个有趣的传说。据《晋书 · 戴逵传》记载，戴逵少年博学，才华横溢，十几岁时，曾经用鸡蛋把白瓦的碎末和[⑥]起来，然后做成碑的模型，又用东汉著名经学家郑玄的名字给这块碑起了名，并把自己创作的短文刻在模型上。文章文辞优美，模型小巧精致，文章、模型相互映衬，相得益彰。见到模型的文人雅士，对小戴逵的作品无不惊叹称道。因此，“鸡碑”后来就被用来形容人多才多艺。例如唐代丁用晦《〈芝田录〉序》：“予才惭鼠狱，智昧鸡碑。”还有明代陈汝元《金莲记 · 偕计》：“学富五车，才高八斗，睿智聿超鼠狱，玄明克驾鸡碑。”丁氏文章走的是自谦的路子，而陈氏文章则显然是在夸赞别人了。

上面提到的两篇文章，与“鸡碑”比肩而立又出现了“鼠狱”一说。不难想象，这肯定又是一个传说与典故。这个故事在《史记 · 酷吏列传》和《汉书 · 张汤列传》等文献中均有记载，故事的主角是西汉年间长安县丞的公子张汤。

话说张汤年少时，有一天父亲外出，他遵父命留守看家。然而悲催的是，潜伏家中的老鼠大概欺他年幼，竟拖走了家里

⑥ 在这里读 huó，意思是在粉状物中加入液体搅拌、揉弄，使黏在一起。

古今人物故事百图 处宗鸡谈
清
吴友如

的一块肉。父亲办完事回来，发现家中少了肉，想当然以为是张汤嘴馋把肉吃了，于是就责罚了他。张汤受此委屈，心中不忿。郁闷之下，挖开鼠洞，终于鼠赃俱获。随后他模仿审案断案过程，具诉状，呈证据，写判词，将处以极刑的老鼠与被盗的肉一并放在堂下。张汤父亲看见这些，心中明了[7]自己冤枉了儿子，尤其是研读过张汤文笔老到的状辞之后，大为讶异，于是就让儿子业余做起了写判决词、整理文书的事。

张汤少年老成，小小年纪便崭露头角，后来果然成为西汉执法严厉、甚至严酷的官吏。他一方面对别人用法严厉，与此同时，自身也十分清廉，是历史上有名的清官。

⑦ 在这里读 liǎo，意思是明白、懂得。

鸭

yā

鸭

“鸭”这个字在汉简里的字形其实后来演变成了“鹌鹑”的“鹌”；我们现在使用的这个“鸭”字，源头是徐铉版《说文解字》所收录的小篆字形，字下边的解释是：“鹜也。俗谓之鸭。”

“鹜”这个字与“鸭”相比，字形不仅更加复杂，而且现在也不像后者那么常用。但是，“趋之若鹜”这个成语我们却并不陌生，其中的“鹜”指的就是鸭子。此外，唐代文学家王勃的名篇《滕王阁序》里面，“落霞与孤鹜齐飞，秋水共长天一色”更是大家耳熟能详的名句。

当然，与“鹜”一样，在古代文学作品中也不乏“鸭”的身影，例如大文

小篆

隶书

楷书

行书

豪苏轼为其朋友惠崇画作“鸭戏图”所题的《惠崇〈春江晓景[①]〉》诗，开头两句便是：“竹外桃花三两枝，春江水暖鸭先知。”

此外，苏东坡在被贬黄州期间，曾多次受到故交陈季常的款待，由于对杀鸡宰羊一类通过杀生获得美味的行为于心不忍，所以苏大文豪便规劝故人素食亦可把酒言欢，并作《岐亭五首》记录这期间发生的一些事情。例如“拊[②]掌动邻里，绕村捉鹅鸭”，便是描写摩拳擦掌、磨刀霍霍向鹅鸭，结果弄得满村鸡飞狗跳的情景。而且诗里也曾多次提到“鸭”，比如“烝[③]壶似烝鸭”“醉倒猪与鸭”等，可见当地以鸭肉待客以及吃鸭子的传统。幸运的是，在苏东坡提议下，不仅故旧陈季常接受了不杀生的建议，还连带着当地一些百姓也开启了素食生涯。此可谓东坡先生的一大善举。

可惜世上总有大量生不逢东坡的鸭子们，它们的可怜命运就由不得素食者做主，而只能交到荤素皆所欲的食客们手中了。于是，名满大江南北的北京烤鸭和南京板鸭等便大行其道、长盛不衰了。

北京烤鸭据说也是源自明朝时称为“应[4]天府”的南京。当时这道美味还是宫廷中皇家独享的菜品，后来随着朱棣迁都“顺天府”，也就是现在的北京，这道美味才在北京生根开花，并逐渐成为誉满全球的中华美食。扎根北京之后，烤鸭的制作方式也在不断推陈出新，最终形成挂炉、焖炉两大流派，在名菜荟萃、百花齐放的饮食界各领风骚。

无论挂炉、焖炉，烤鸭的基本特点都是皮脆肉嫩，而且在烤制过程中去除了鸭肉中的大量脂肪，与葱白、面酱、荷叶饼等形成了“和味”绝配。当然，近年来一些新派烤鸭也在崭露头角，迎合着不同食客的挑剔口味，比如有的蘸料中增加了砂糖、蒜蓉等；有的辅料中加入了花瓣、水果等；还有的辅食既有荷叶饼，同时也提供空心烧饼，等等。这些尝试都给这道古老的菜品注入了新

① 也有版本作《春江晚景》。但是按照画与诗的意境，似乎“晓景”更恰切一些。

② 亦有版本作“抚”。在表示“抚摩”意思时，“拊、抚”可以通用。但是当表示“拍打、拍击”意思时，只能用“拊”，例如“拊膺”。

③ 这个字读作zhēng，与“蒸”意思相同，“烝壶”指的是蒸熟了的葫芦瓜。另外，“烝”还有“众多”的意思，例如“烝民”等。

④ 这是个多音字，读第一声的时候，表示“该、当”等；读第四声的时候，表示“应答、接受”等。这里是后一种读音与意思。

秋水凫鹥图
元
任仁发

鲜血液，滋养着它把中华美食更加发扬光大。

与北京烤鸭相比，南京板鸭则基本上一直延续了最初的制作工艺。据夏仁虎编《玄武湖志》引南北朝时吴均《齐[5]春秋》大意谓：板鸭始于六朝，当时两军对垒，作战激烈，无暇顾及饭食，便炊米煮鸭，用荷叶裹之，以为军粮，称荷叶裹鸭。这便是南京板鸭的雏形。

清朝乾隆年间，袁枚编著的《江宁新志》对南京板鸭也有记载："购觅取肥鸭者，用微暖老汁浸润之，火炙，色极嫩，秋冬尤佳，俗称板鸭。其汁数十年者，且有子孙收藏，以为业。"由此可见，南京板鸭的制作工艺还包括必须用一代一代传下来的所谓"老汤"，这也是时下许多传统卤味、腊味等驰名食品吸引食客的不二法门。

⑤ 这里指的是南北朝时期的南齐。该书由于如实记录历史，所以被取代了南齐政权的南梁统治者、梁武帝萧衍下令焚毁。

再行一步

除了佳肴美馔身后的“老汤”，其实任何能够吸引大众的驰名商品都有其独到之处，它们之所以长盛不衰，凭的是过硬的质量、良好的信誉以及出色的销售。这也应了我们经常说的一句歇后语：狗撵鸭子——呱呱叫。

但是，用“呱呱”形容鸭子的叫声，这似乎是现在的事情，而在古代，“呱呱”更多用在形容小孩啼哭等，例如东晋常璩⑥《华阳国志》中有这样一段记载，“禹娶于涂山，辛壬癸甲而去，生子启，呱呱啼，不及视，三过其门而不入室”。这段话说的是治水英雄大禹娶妻并生下儿子夏启之后，夏启啼哭，但是由于水情紧急，所以大禹都没有进屋去看襁褓中的婴儿，而且三次经过家门也都是匆匆而过。

需要注意的是，“呱呱”表示婴儿哭声等意思的时候，“呱”要读作 gū，而不是 guā，比如“呱呱而泣、呱呱坠地”等。

那么，古人怎么形容鸭子的叫声呢？在据称作者是春秋时盲人乐师师旷、后经西晋文学家张华注释的《禽经》中，有这

⑥ 这个字读作 qú，表示古代一种玉制的耳环。

样的字样："鸭鸣呷呷，其鸣自呼，凫能高飞，而鸭舒缓不能飞，故曰舒凫。"

在这段话里，形容鸭子叫声用的是"呷"，而且按照作者意见，鸭子的这种叫声好像是自己在叫自己。这或许也是作者在暗示我们"鸭"这种名称的由来。

现在用来表示啜饮意思的"呷"，根据《说文解字》等古代工具书的解释，最初确实是表示众人声音嘈杂，后来才有了啜饮的意思，如"呷了一口茶"等。

另外，《禽经》里还提到了鸭子又名"舒凫"，而且这种说法也得到了《尔雅》等古代工具书的支持。《尔雅·释鸟》中有"舒凫，鹜"，这就同《说文解字》"鹜也。俗谓之鸭"互相参照了。

但是，有关"舒凫"的说法又显示出，在古人眼里，鸭子还存在着野生与家养的区别，野鸭尚能飞行，而家鸭则基本丧失了翱翔的技能，努力扑棱翅膀也仅能做到离地几寸的程度。因此，所谓的"凫"一般指的是野鸭，"舒凫"才是家鸭的名号。例如杜甫《绝句漫兴九首》："笋根稚子无人见，沙上凫雏傍母眠。"

鸭

秋塘双雁图
宋
佚名

黄玉鸭
宋至明

诗句中母子相依的温馨画面，显然说的是沙滩上的野鸭。而《清史稿》中的“有舒凫，洵[7]腴且肥，家鹅舒雁仍甘美”，这些令人垂涎的词句，提到的应当都是人工饲养的家禽了。

“凫”虽然能飞，然而由于擅飞的禽鸟比比皆是，而且它们的容貌、羽色在古人眼里亦有高下之分，因此，形象难言高大、羽色亦兼平平的“凫”，古人从骨子里其实对它们并不感冒，所以“凫短鹤长、惭凫企鹤”等等，都是言说与鸟类中的佼佼者“鹤”相比，“凫”充其量只能荣幸地成为陪衬的绿叶，而且内心还得自惭形秽。

好在从古至今一直都有明白人，例如《庄子·骈拇》：“是故凫胫虽短，续之则忧；鹤胫虽长，断之则悲。”这种辩证的意识，就算放在今天也并不落伍。而且正是由于这个原因，后来就用“凫胫鹤膝”表达事物各有短长这样的理念，同时也表明对于万事万物天性使然的特质，人们最好不要人为地随意减损或添加，否则，很可能会造成揠苗助长或画蛇添足的难堪局面。

⑦ 这个字读作 xún，原本是古代一条河流的名称。在这里与最初表示诚信的“恂”相通，意思是“恂”后来发展的“的确、确实”等。

鱼

yú

鱼

“鱼”这个字在甲骨文里写作，是个典型的象形字。《说文解字》对它的解释是：“水虫也。象形。鱼尾与燕尾相似。”

《说文解字》的解释，道出了鱼是水生动物的根本特性，但是其中并没有提到海水鱼和淡水鱼的分别。然而在美食家和食客眼里，海鱼、河鱼虽然都是鲜物，却各有各的鲜美可口之处。有人喜好河鲜的清甜，就像它们生活的清流与水潭；有人偏爱海鲜的醇美，似乎能够品出海水的湛蓝与微咸。

一道“松鼠桂鱼”成就了松鹤楼的镇店名菜，也成为河鲜菜品中的翘楚。据说此菜当年却是面临两难境地的大厨

小篆

隶书

楷书

行书

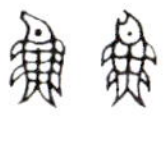

灵机一动的产物。因为微服下江南的乾隆生生看上了饭店神台上的供鱼，执意要厨师烧来品尝。既不能得罪金主，更不敢得罪神灵的厨师，忽然想到把鱼加工成松鼠的形状，这样神灵就看不出来这是供桌上的鱼了。于是，一番绝妙的刀工、挂浆、油炸、定型和浇汁后，艳若桃花、酸甜可口的“松鼠鱼”便就此降临人世。

对于这道美味，清代的《调[①]鼎集》中也有记载：“取季鱼，肚皮去骨，拖蛋黄，炸黄，作松鼠式。油、酱油烧。”

同样源于江南的另一道淡水鱼美味——西湖醋鱼，则除了身世曲折，还成为传说中苏东坡与高僧法印打趣的道具。

先是苏东坡在法印前来拜访时，把家厨刚烧好的西湖醋鱼藏到了书架上。法印佯装不知，却虚心向东坡请教“苏”字的写法。由于“苏”字以前存在着“艹”下面“左边鱼右边禾”还有“左边禾右边鱼”等不同字形[②]，所以苏东坡认可法印说的“鱼”可以移动位置。但是当法印问道“鱼”是否可以移到“艹”上面的时

画鱼藻
清
马文麟

鱼

候，东坡则回答说不可以。结果就听到法印又问：那么你为什么把鱼放到了书架上边？

接着又一天，轮到东坡拜访法印，法印也把刚出锅的西湖醋鱼藏在了念经时敲打的“磬”里面。东坡闻到熟悉的香味，又看到从磬里边飘出的缕缕热气，于是就向法印求“向阳门第春常在”的下联。法印不知是计，遂脱口而出“积善人家庆有余”。话音刚落，东坡粲然一笑：既然磬中有鱼③，何不拿来一同品尝？

① 这是个多音字，读 diào 的时候，表示“调动、调查；腔调、音调”等；读 tiáo 的时候，表示“调和、调整”等。这里是后一种读音与意思。

② “苏”以前存在着“蘇、蘓”等若干种字形。

③ “磬”和“庆”读音相同；“鱼”和“余”读音相同。

鱼的故事如此丰富，可见从古至今它都是人们公认的美味。春秋战国时孟尝君门下就有一位受到冷落的门客冯谖，曾经委婉地发泄牢骚：长铗[4]归来乎，食无鱼。这便是“弹铗无鱼”典故的由来。该典故在《战国策 · 齐策》等文献中都有记载。

而把鱼在美食中推到较高地位的似乎是大名鼎鼎的孟老夫子，他把鱼和珍稀的熊掌并列，以致“鱼与熊掌不可兼得”后来成了面对都想得到的东西难以取舍的一种说法。这显然也是对吃饭时无鱼不欢取向的一种推波助澜。

可是实际上，对于这两种美味，孟子心里却是早有计较与选择的。他说得很明白：舍鱼而取熊掌者也。而且更重要的是，《孟子 · 告子上》里这段看似对美味进行对比和取舍的文字，实际上是一种比喻和铺垫，重心其实是在后面当“生”与“义”产生冲突、面临取舍的时候，孟子非常明确地说：舍生而取义者也。可见，在孟老夫子看来，鱼和熊掌还是有着高下之分的；其次，生命与道义的差异堪比鱼和熊掌的差异，“义”重于生命，它才是至高无上的。

花果草虫图
清
倪耘

魚

不过，无论如何，鱼在中国传统文化里还是占有一席重要地位。每逢岁末年初，年画中活灵活现的鲤鱼寄托着人们辛苦一年，希望收成能有盈余的美好愿望；子孙后代若有人考场操练，至亲好友必以“鲤鱼跃龙门”预祝前程远大；“美人鱼”的种种传说，又让多少光棍汉在辗转难眠的深夜，想象着奇妙的机缘，给孤寂的心灵带来一丝慰藉⑤。

④ 这个字读作 jiá，详见“菜”字相关注释。

⑤ 这是个多音字，读 jí 的时候，表示“践踏、凌辱”等；读 jiè 的时候，表示“衬垫、抚慰”等。这里是后一种读音和意思。

再行一步

看起来，鱼的确是一种好东西。然而就像钱财一样，君子爱财取之有道。那么，君子爱鱼，同样也应取之有道。

要论得到鱼的方式，显然有多种途径可供选择，太公垂钓、渔舟唱晚，还有不入流的竭泽而渔，等等。再不济，我们也会花钱进行交易吧。而对于垂钓爱好者来说，“悬鱼”肯定是一种非常美妙的体验，因为它的意思是上钩的鱼。例如明朝朱鼎《玉镜台记·苏狱》：“多病多愁减带围，困累累⑥命若悬鱼。”

人如果像悬鱼一样，这显然不是什么让人愉快的遭际。而东晋著名道学家葛洪《抱朴子·广譬》里的“悬鱼惑于芳饵，槛虎死于笼狐”，其寓意则更加深远。其中的道理其实我们大家都明白，水中精灵若不受鱼饵的诱惑，它就不会被钓上钩；山中猛虎如果不想捕食猎人设置的狐狸，就不会沦落为笼中囚而任人宰割。

很显然，“悬鱼”之中其实隐含着陷阱与危机，涉事者如何把握自己，这是一道必须谨慎求解的难题。倒是两千年前位

⑥ “累”是个多音字，读第二声的时候，表示“多余”等；读第三声的时候，表示“积累、牵连”等；读第四声的时候，表示“疲劳、使疲劳”等。这里的前一个“累”是第三种读音与意思；后一个“累”是第二种读音与意思。句子的意思大致是困顿的情形连累到命也危在旦夕。

居东汉南阳太守的羊续以他的实际行动为我们呈现了一个答案，例如《后汉书·羊续传》：“府丞尝献其生鱼，续受而悬于庭；丞后又进之，续乃出前所悬者以杜其意。”

明智的羊续，将属下第一次送的鱼处理成了“悬鱼”，将其悬于中庭，为的是断绝属下再次送鱼的念头与举动。因此，后世就用“悬鱼”表示为官清廉，例如宋代徐积在《和路朝奉新居》中写道：“爱士主人新置榻[7]，清身太守旧悬鱼。”后来，表示同样意思也用“悬枯鱼”或者“悬枯”。

根据史书记载，羊续的清廉还有许多事例，比如他的财产只有破旧的被褥、衣物、很少的麦子和一点盐巴，等等。这种情况如果被再晚数百年的大唐诗人孟浩然得知，不知孟浩然是否还会在《望洞庭湖赠张丞相》中写下：“坐观垂钓者，空有羡鱼情。”因为据一些人分析，孟浩然的这首诗作隐含着向当朝丞相张九龄要官的意图。所以，“欲济无舟楫”也好，“空有羡鱼情”也罢，其实都是在委婉地表示自己也想为朝廷和百姓做点力所能及的事情，可是名不正言不顺，先得谋个一官半职哪。

⑦ 这是《后汉书·陈蕃传》记载的一则故事，大意是乐安太守陈蕃十分敬重一位名叫周璆（qiú）的名士，所以专门购置了一张榻放在府中。每当周璆来访就放下榻供他坐卧，待他走后，再把榻悬吊起来，留待周璆下次来访的时候再用。这也是“下榻”这种说法的源头。

画鱼藻
清
马文麟

文人入仕，这本身倒未必有什么让人非议的地方，许多人寒窗苦读，皓首穷经，为的就是能够实现自己的治世理想。所以，对古代读书人而言，客居他乡、离妻别子等等情形实在是一种常态。在那种情况下，漫漫长夜，一灯如豆，能够抚慰求学游子心灵的，大概唯有家书了。

“鱼书”“鱼雁”“鱼传尺素”等等说法正是代表令游子们聊感欣慰的家书以及亲友们的书信。例如唐代刘禹锡《早春对雪奉寄澧州元郎中》中的“新赐鱼书墨未干，贤人暂出远人安”；还有宋代秦观《踏莎[8]行》中的“驿寄梅花，鱼传尺素。砌成此恨无重数”；以及元代王修甫所作元曲《越调·斗鹌鹑·阙盖荷枯》

⑧ 在这里读作 suō。

中的“海角天涯鱼雁疏，千里云山阻”。

“鱼传尺素”的说法来自古乐府《饮马长城窟行》：“客从远方来，遗[9]我双鲤鱼。呼儿烹鲤鱼，中有尺素书”。这是一名留守妻子思念远走他乡丈夫的歌谣，令这名妻子激动的是偶然从鲤鱼肚子里发现了夫君寄给自己的书信。因此，表示书信的“尺素”便与鲤鱼结下了不解之缘。

一尺绢帛，方寸天地，再娟秀的蝇头小楷恐怕也写不出万语千言。其实，家书之重并不重在长短，而是三言两语所饱含的浓浓思念与那份化不开的深情。

玉鳌鱼花插
明

⑨ 在这里读作 wèi，意思是赠予、送给。

鲍

bào

鲍

小篆

隶书

楷书

行书

“鲍”这个字左边的“鱼”表明它的意思与鱼有关；右边的“包”表示它的读音与“包”相近。

对于现代人来说，提到鲍鱼，不论是否有过品尝它的口福，甚至也不管是否目睹过它的真容，它的大名恐怕都是家喻户晓、妇孺皆知。鲍鱼无疑是珍贵食材的代表，也是宴席中的佼佼者，它确实能给人带来美妙的味觉体验。当然，这一切都是以相应的钞票为代价的，囊中羞涩者似乎只能敬而远之了。

现代语文工具书对于“鲍鱼”一般有两种解释：一种指生活在水里的软体动物；另一种则指的是咸鱼。

在菜品里居庙堂之上，烹饪手法其

实也算不上太复杂，但是绝对上得了台面的各种“鲍”，无一例外指的都是那种生活在不同水域的软体动物。它在餐桌上风光无限，充当着各路食客味蕾的唤醒者和悦动者。

至于咸鱼，不论它生前或新鲜时有过怎样的辉煌，一经腌渍，基本也就沦为一些菜品的配料，或者成为佐餐、下酒的小菜儿。

然而，从源头上说，“鲍”这个字按照古代工具书的解释，它本来的意思却只有一个，那就是咸鱼。例如《说文解字》对它的解释是：“饐[①]鱼也。”

那么，这个“饐鱼”又是一种什么鱼呢？“饐”左边的“食”表明它的意思与食物或吃有关；右边的大写数字“壹”既表示“饐”的读音，同时和字的意思也有关联。

“壹”在古陶文和汉简里面，均由水壶的“壶”和吉祥的“吉”构成，“吉”表示它的读音，而“壶”则与它的意思有关。按照一些文字学家的解释，壶是一种不容易泄漏东西的容器，所以它隐含着“闭塞、堵塞”等意思。故此，“壹”字里面包含的“壶”，也就使得“壹”有了“闭塞、淤积”等含义。

回过头来再看“饐”。这个字最初意思是饭食等因受湿热而腐臭，《说文解字》对它的解释是：“饭伤湿也。”仔细分析这种说法，饭食腐坏变质，按照一般常识，多半是由于其中的水分、湿气淤积不得发散，致使一些微生物滋生而引起。

①这个字读作 yì。

而所谓的“饐鱼”，恰好正是因为盐分等破坏了鱼肉本身的组织结构，致使其内部所含水分难以挥发，由此便产生了腐化的效果。其实，不论是什么原因，世界上不少国家或地区，都有用盐渍方式获得和制作食品的例子，比如誉满全国的那几种臭豆腐以及源自欧洲一些国家的各种臭奶酪等等。

“饐鱼”既然指的是这么一种具有浓烈刺鼻气味的鱼，就难怪具有此类特征的鲍鱼曾经在秦始皇驾崩之后，被李

秦始皇陵青铜车马
秦

斯等人用作秘不发丧[2]、掩人耳目的道具了。《史记·秦始皇本纪》中有这样一段记载：“会暑，上辒[3]车臭，乃诏从官令车载一石鲍鱼，以乱其臭。”

这段史料大致说的是：秦始皇在巡游途中亡故之后，丞相李斯担心局势复杂、难以妥善处置，因此与嬴政的一个儿子胡亥达成统一战线，对外封锁嬴政已故的消息，同时为了掩盖秦始皇尸体因酷暑导致腐坏所散出的气味，他们又让人在灵车上装了一些散发臭味的鲍鱼。

说到鲍鱼之臭，其实在古代还有“鲍鱼之肆”这种令人掩鼻的说法，它最初指的是卖咸鱼的摊位或小店。例如，《孔子家语》中有这样的描述：“与不善人居，如入鲍鱼之肆，久而不闻其臭，亦与之化矣。”汉代刘向在《说苑》里把“与不善人居”改成了“与恶人居”。另外，在其他一些古代典籍里，我们还可以看到意思相同、形式略有差异的语句。

后来，正是由于上面这样的句子及其所表达的寓意，“鲍鱼之肆”又发展出了小人或坏人聚集之处的含义。例如《明史·余珊传》：“致陛下耳嚣目眩，忽不自知其在鲍鱼之肆矣。”

② 这是个多音字，读第一声的时候，表示与死人的事有关；读第四声的时候，表示“失去、丢掉”等。在这里是前一种读音与意思。

③ 这个字读作 wēn，本来指车厢有窗、可以躺卧的车，后来由于常常用来运载灵柩，所以也指灵车、丧车。

再行一步

鲍鱼在古代既然是这样一种会给人带来不悦的东西，那古人为什么还同时赋予它“一种能够制成美味的水生动物”这种意义呢?

原来在古代，表示现在常用的美味意义的鲍鱼，实际上却另有其字。只是由于那个字与“鲍”读音相近，后来在流传过程中就阴差阳错地让位给“鲍”了，而它自己却止步于通往现代社会的途中。这个字就是“鳆[4]”。

《说文解字》对“鳆”的解释是“海鱼名”，还有的古代文献则说“鳆似蛤，偏着[5]石”。相对而言，两晋时期郭义恭著、后经清人黄奭[6]辑录的《广志》解释得最为详细：“鳆无鳞有壳，一面附石，细孔杂杂，或七或九。”这显然指的就是现在我们所说的那种水生软体动物“鲍鱼”了。例如《汉书·王莽传下》：“莽忧懑不能食，亶[7]饮酒，啖鳆鱼。”

鳆鱼不仅是美味，它的壳还可以入药，学名“石决明”，是治疗眼疾的一味良药。例如，北宋医药名家寇宗奭编著的《本

④ 这个字读 fù。

⑤ 在这里读 zhuó，意思是“附在别的物体上”等。

⑥ 这个字读作 shì，详见本书“鸡”字相关注释。

⑦ 这是个多音字，读 dǎn 的时候，最初意思是“谷物多”等，后来也表示忠厚等意思；读 dàn 的时候与“但”相通，表示“仅、只”等。这里是后一种读音与意思。

草衍义》中提到，“肉与壳两可用，方家宜审用之。然皆治目”。

就“鳆”与“鲍”的普通话读音来看，二者相去甚远，声母和韵母都不相同，那么它们怎么在古代就读音相近了呢？这是因为汉语的语音从古至今一直是不断变化的，有些字在古代的读音和在现代的读音完全不同，这是音韵学需要研究的问题。

具体到“鳆”和“鲍”，我们不妨从一个侧面简单了解一下。请看这样两组字：傅、缚、博、搏／甫、辅、哺、捕。

第一组字表示读音的部分都是“尃[⑧]”，所以这四个字在古代的读音应当非常接近，但是它们在普通话里，“傅、缚”的声母是f，而“博、搏”的声母则是b；第二组字与此类似，“甫、辅”的声母是f，而“哺、捕”的声母则是b。很显然，普通话声母f和b在古代本来就相同或近似，所以“鳆”和“鲍”在古代的读音才会出现相似的情况。这也表明，从同音、近音替代方面看，“鲍”已经具备了取代“鳆”的基本条件。

曾经的鳆鱼，如今的鲍鱼，自从被人发掘成为一种价格不菲的美味之后，它就与“燕窝、鱼翅”比肩而立，稳居高档菜品的行列。这就是大厨和食客们口中所谓的“燕、鲍、翅”。

⑧ 这个字读作 fū，意思是“散布、布施”等。

鲍

岁朝欢庆图
清
姚文瀚

在这里，“燕”是燕窝的简称，如“洞燕、屋燕、官燕”等，它与一种称作金丝燕的鸟类有关，是这种飞禽或同属鸟类在海边岩石间所筑的巢。这种巢由金丝燕等所吞下的海藻以及未消化的小鱼虾等混合唾液凝结而成，后来被人发现具有极高的营养价值，因而成为一种珍稀、昂贵的滋补品。

鱼翅大家更不陌生了，因为现在很多地方都张贴着“没有买卖，就没有杀戮”的公益广告。这则广告的主旨是提倡、奉劝人们拒绝鱼翅，拯救身居险境的鲨鱼。因为鱼翅其实是鲨鱼的鳍，而并不是什么“飞鱼的翅膀”。为了满足一己口腹之欲，却以捕杀濒临灭绝的鲨鱼为代价，这将给海洋生物链带来难以挽回的损失，造成不可估量的灾难。相信任何有责任担当的食客，绝对不会对此视而不见，也不会再把鱼翅列入自己的觅食清单了。

芹

qín

小篆

隶书

楷书

行书

“芹”这个字上面是“艹”，表示它的意思与植物有关；下面是“斤”，表示它的读音与“斤”相近。《说文解字》对它的解释是：“楚葵也。”也就是说，这种植物也称作“楚葵”。

然而，再参照段玉裁的《说文解字注》，我们却看到，段玉裁认为“芹”这个字在古代原本写成上面一个“艹”，下面是远近的“近”——“莚”。而对于这个“莚”字，许慎的《说文解字》则解释为“菜，类蒿”，并且进一步说“《周礼》有‘莚菹[1]’”。意思是说“莚”是一种样子像蒿的蔬菜，而且可以腌渍成咸菜等。

对《说文解字》中又是“楚葵”又是“类

① 这个字读作 zū，基本意思是腌菜、酱菜等。

蒿”的这两个“芹／莚”字，段玉裁认为是后人根据《尔雅》增补《说文解字》的时候多收了一个字。而在他看来，这两个字原本就是一回事，指的是同一种东西，也就是又叫“水菜、水芹、水英”的那种植物和蔬菜。

芹菜具有独特的清新香气，味道鲜美，所以在古代诗文中并不乏它的身影。例如杜甫《崔氏东山草堂》中就有“饭煮青泥坊底芹”；而苏东坡在《新城道中二首》里，也有“煮芹烧笋饷春耕”这样的诗句。

当然，芹菜虽然味美，但它实在是非常普通的大路菜和大众菜，而且现在还是江南一带所谓“水八鲜[2]”之一。这种青菜常常是芹菜炒香干、白果炒芹菜等家常菜式的主料。另外，一种类似我国土生芹菜，茎秆却更加粗大的“西芹”，以前大都在罗宋汤[3]等西式菜肴中客串，现在却也成为国人餐桌上的常客。

需要注意的是，同样产自国外的“欧芹”，它主要是当作调料和作料使用的，一般不用作主料或配料。而我们国产的芹菜，在李时珍的《本草纲目》中也已经说明，它们有水芹和旱芹的分别。总的来说，现在北方一般以旱芹为主，而南方则是水芹更加常见。

水芹也好，旱芹也罢，由于它们都是家常味道，所以芹菜也就包含了普普通通这样的寓意。例如清代理学家、为官清廉的陆陇其《与郑堂邑书》：“一芹之微，聊申鄙忱，并祈哂纳。”这句话是送人礼物时典型的客套话，大致是说礼物微薄，不过就像一棵普普通通的芹菜罢了，只能略表感谢之意，请您一定笑纳云云。

从古至今一直流传着的“献芹”或“芹献”这两种说法，它们的基本意思完全一样，都是在向别人赠送礼物的时候，用来表示所送的东西不过是一点小小的心意，礼物微薄，不成敬意。比如《西游记》第二十七回中，白骨精化身美少妇之后就曾经假惺惺地表示要把斋饭送给三藏师徒，并且还口口声声说：“如不弃嫌，愿表芹献。”谁都知道，白骨精的这些话看似谦恭，实则暗藏祸心。

② 也作“水八仙”。包括茭白、莲藕、水芹、芡实（鸡头米）、茨菰（慈姑）、荸荠、莼菜和菱等八种植物的可食部分。

③ 发源于乌克兰并且风行中欧、东欧的一种浓菜汤，主料一般有甜菜、番茄、土豆、牛肉和胡萝卜等。20 世纪初由俄国人传到上海，“罗宋”据说就是上海洋泾浜英语“Russian（俄罗斯的）”的音译。

神仙图册 列子
明
张路

这一类说法其实都来自一个古老的故事。故事最早见于《列子·杨朱④》，大致意思是有一个人，由于觉得芹菜很好吃，于是就把它推荐给了乡里的一位富人，而富人拿过芹菜尝了尝，却觉得口感和味道都不怎么样，难吃得就像小毛刺扎了嘴巴，而且吃下去之后肚子也相当难受。因此，后来就用“献芹”或者“芹献”表示送人的东西微不足道，再往后又衍生出自谦的一类说法。

由“献芹”这样的典故与说法，后来还产生了“芹诚、芹敬、芹意”这样一些专门用语，它们的基本意思同样是“聊表心意”。例如，明代邵璨的《香囊记·问卜》中的“且尽芹诚，躬调药饵，愿母病康宁如旧”；还有《封神演义》第三十二回中的“今具有鲁酒一杯，莫负末将芹敬”；以及元代秦简夫《剪发待宾》第三折中的“蔬食薄味，箪食[5]壶浆，不堪管待，聊表芹意”。

④《列子》又名《冲虚经》，据东汉班固《汉书·艺文志》等记载，是战国前期道家思想代表人物列御寇所著。原著已散佚，今本《列子》应当是后人根据史料辑录而成。

⑤ 这里的“食”以前读作 sì，现在读 shí。需要注意的是汉朝著名谋士郦食其，他的大名“食其”要读作 Yìjī。

再行一步

正是这些与“芹”相关的词语都隐含着“微不足道”的意思，所以，有些包含“芹”的说法看似与芹菜的可食用性有关，但实际上却南辕北辙、大相径庭。例如“芹泥”，它指的可不是芹菜捣成的泥，而是燕子筑窝用的草泥。杜甫《徐步》诗中“芹泥随燕觜”一句，描写的就是燕子衔泥筑窝的状态。娇小玲珑的燕子在飞禽中自然属于袖珍一类，它们的巢也随之配合着体量建得迷你，因此，燕子为筑巢一次又一次地衔泥而来，它们的勤劳精神固然值得称道，但是，小巧的鸟喙[⑥]毕竟承载量有限，充其量也只能承运别人眼中微不足道的一点点材料。

南宋大文豪辛弃疾曾著有《美芹十论》。乍一看书名，也难免让人以为这是一部品味美食的大作。而实际上，它却是大文豪写给当朝皇上的一部纵论抗金救国、收复失地、恢复国家一统大业的巨著。书名之所以用了“美芹”，其实和“芹意、芹泥”等说法一样，同样具有“不足挂齿”的谦恭含义。

而且正是由于辛弃疾的这部巨作，“美芹”后来还成了忧

⑥ 这个字读作 huì，基本意思就是鸟类的嘴。

辛弃疾纪念祠题联
郭沫若

国忧民、为山河破碎而悲痛的代名词。例如当代文学巨匠郭沫若为辛弃疾纪念祠题写楹联："铁板铜琶，继东坡高唱大江东去；美芹悲黍，冀南宋莫随鸿雁南飞。"其中，"美芹"和"悲黍"同样具有为山河破碎而悲痛的寓意。

"悲黍"一说源自《诗经·黍离》。关于这首诗，《毛诗序⑦》说："黍离，闵⑧宗周也。周大夫行役，至于宗周，过故宗庙宫室，尽为禾黍。闵周室之颠覆，彷徨不忍去，而作是诗也。"这段话的大体意思是周朝被颠覆之后，前朝老臣经过故土，感受到的却是满目疮痍，曾经金碧辉煌的宫殿竟然断壁残垣、杂草丛生，于是心中悲戚，久久不愿离去，彷徨之中，从心底吟出《黍离》篇。从那以后，"悲黍"便成为宣泄家国破碎悲伤心绪的一种隐喻。

⑦ 关于这部著作的作者，历史上一直众说纷纭。有些意见认为是西汉年间毛亨、毛苌所作，但是并无确凿证据。

⑧ 这里的"闵"代替的是"悯"，意思就是悲悯。

离离禾黍动愁深

清

石涛

然而，如果说到与周王朝间接相关的“芹”，其实除了上面这种让人唏嘘的事情，历史上也存在着令人欣赏、欣慰的情况。比如南北朝时期辞赋家江淹《奏记诣南徐州新安王》的“淹幼乏乡曲之誉，长匮芹藻之德”。这句话是江淹的自谦之辞，意思是说自己幼年时就很少被人夸赞，因为自身比较缺乏值得称道的德行。其中“芹藻”指的是有才学的人士，也指旧时考中科举的人。

“芹藻”一说源自《诗经·鲁颂·泮水》：“思乐泮水，薄采其芹……思乐泮水，薄采其藻。”其中提到的“泮水”指的是围绕鲁国官学建筑的一道人工水流。这条小河之所以称作“泮水”，是因为它三面围绕学校建筑，而不是四面环绕，形状近似半圈，而不是完整的一圈。而完整的一圈水流则是当时制度下周王朝君主所办官学的形制，诸侯则不能逾越这个制度。例如《礼记·王制》：“天子命之教然后为学。小学在公宫南之左，大学在郊。天子曰辟痈⑨，诸侯曰頖宫⑩。”再如《清史稿》中的“咏芹藻，歌辟廱⑪”，是对清王朝教育制度、任用贤才的一种自我称颂，其中自然有吹嘘、吹捧之嫌。

⑨“辟痈”多作“辟雍”，也作“辟雝、辟廱”等，指的是周朝君主开办的高等学府。“辟”在这里读 pì，意思等同于“璧”，表示圆形，寓意天圆地方，君主遵循天道。

⑩“頖宫”多作“泮宫”，指的是诸侯开办的高等学府。“頖”和“泮”读音相同，都读 pàn。

⑪这个字读作 yōng，含有和乐、和谐的意思。

韭

jiǔ

韭

“韭”这个字在睡虎地秦简中写作，大致上与后来小篆、隶书和楷书的字形一脉流传。《说文解字》对“韭”的解释是：“菜名。一种[1]而久者，故谓之韭。象形，在一之上。一，地也。”

按照许慎的解释，“韭”是描摹了地面上生长着植物的形状，而这种植物之所以读作 jiǔ，是由于其生长特性。因为韭菜是种植一次，然后就一茬一茬不断收割，其生长期相当长，所以隐含着“长久”的意思。

根据现在一些工具书的解释，韭菜是一种多年生草本植物，叶子细长，夏秋之际开白色小花；花和叶子嫩的时候都可以食用，种子则可以入药。由此可见，

小篆

隶书

楷书

行书

① 这是个多音字，读 zhǒng 的时候，表示“品种、类别”等；读 zhòng 的时候，表示“种植”等。在这里是后一种读音与意思。此外，还有一个读音 chóng，作姓。

豳风七月图（局部8）
宋
马和之（传）

“韭”首先是一种植物，后来由于我们祖先发现了其可以食用的特性，因此在很遥远的古代就开启了人工种植的历史。

人工种植韭菜的历史一经开启，这种青菜旋即成为人们竞相追逐的美味。唐代诗人李商隐曾在《题李上謩壁》中写道：“嫩割周颙[②]韭，肥烹鲍照葵。”诗中把南北朝时期喜食韭菜的周颙和写出《园葵赋》的鲍照当成了这两种植物的代言人，同时也流露出对韭菜味道之美的欣赏。

其实，对韭菜的钟爱和称道远在南北朝之前就已经流行，绝对称得上是历史悠久。例如《诗经·豳风·七月》中便有："四之日其蚤[3]，献羔祭韭。"作为一种再普通不过的青菜，也根本谈不上血统高贵，却能够和羔羊比肩，成为庄严、重大的祭祀台案的主角，可见古人对韭菜的重视程度。或许他们认为神灵、祖先也都是酷爱美食的吧。

韭菜性热，有辛辣刺激气味，味道较浓，适于热食，一般多用作鸡蛋、海味类菜肴的配料、辅料。像饺子、包子、馅饼或馄饨等面食，馅料中也常常会闪出韭菜的身影。另外，切碎的韭菜还能像葱花、蒜末一样充当作料，在南京等地，以韭菜碎末调味的韭菜炒饭就是近年来受到许多人追捧的新宠。此外，喜爱烧烤的一族，大概也有人品尝过带着丝丝焦煳香的烤韭菜串儿。

不过，虽然许多人爱吃韭菜，但是由于其萦绕唇齿、肠胃时间较久的特性，因此，它基本成为出入工作、社交等场

② 这个字读作 yóng，最初意思是"大头"，后来也表示一般意义上的"大"，还可以表示仰望或肃敬、温和的状态等。

③ 由于读音相同，"蚤"这个字在古代常常被借去代替"早"，在这里它表示的就是清早的意思。

合之前食用的禁忌。

而且，大概也正是由于这种原因，历史上道家、佛家等一直将韭菜列入“五荤”，基本上属于禁止食用之类，为的是避免较强的刺激性气味干扰信徒们的修行。但是，道观、山门之外的俗人，还是对此等美味趋之若鹜。尤其是早春时节的头茬韭菜，从古至今更是一直受到众多文人美食家的追捧。例如杜甫的《赠卫八处士》：“夜雨翦春韭，新炊间④黄粱。”还有元末明初诗人高启的《韭》：“芽抽冒余湿，掩冉烟中缕。几夜故人来，寻畦剪春雨。”诗人们或者把早春的韭菜看作是和新粮精米并肩的时鲜，或者把它当成筵席或小酌时款待亲友的明星。就连一生仕途维艰，生活亦颇为窘迫、潦倒的《聊斋志异》作者蒲松龄，想来对这早春尤物也必定是心有所思，因此，他才会自我解嘲般地道出：“二寸三寸，与我无盼；四寸五寸，偶然一顿；九寸十寸，上顿下顿。”看起来，头茬韭菜确实和蒲大师几乎绝缘，连尚存嫩意的二茬三茬恐怕也与他缘分浅浅，只有个头尺许的老韭菜倒是老人家餐盘中的“常青藤”。

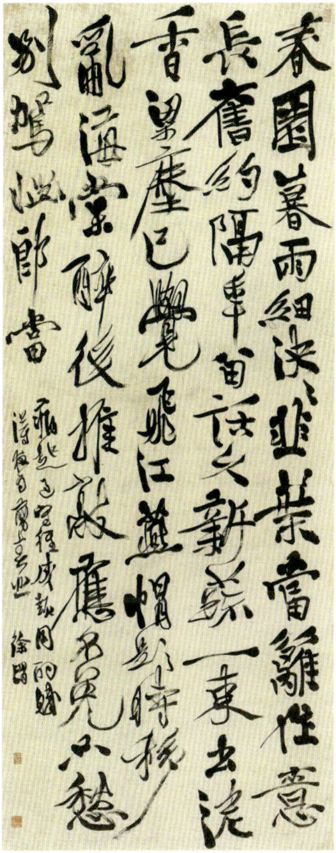

赋得夜雨剪春韭
明
徐渭

韭

④ 这是个多音字，在这里读 jiàn，意思是由缝隙、间隔等含义发展出来的交错、交杂、掺杂等。

再行一步

其实，在自然界很难讲是否存在真正意义上的“常青藤”，因为时序更迭，万物都会经历生命中的不同阶段，因此，所谓“常青”或许只是“常绿”罢了，并不一定意味着骨子里的青春。

当然，无论任何事物，其实在生命中的每一阶段都被赋予了独一无二的形态，因此，也应当都具备了足以自豪的资本。

就拿韭菜来说吧，实际上除了众人追捧的春韭，到了秋天，它的茎秆上默默绽放的小白花，同样也属于餐桌上的一道美味。例如白居易在《邓州路中作》写道：“萧萧谁家村，秋梨叶半坼[⑤]。漠漠谁家园，秋韭花初白。”一片秋风萧瑟中，诗人眼中只有韭菜花开得正盛。而且这花在古代还有“韭菁”这么雅致的名字，例如贾思勰在《齐民要术》中引用东汉崔寔[⑥]的《四民月令》，有“七月藏韭菁”的表述。

很显然，农历七月是收获、加工、制作韭菜花的季节。而加工好的韭花酱恰恰又是入冬之后搭配涮羊肉和东北菜“川白肉”等菜品的绝佳蘸料。喜好涮羊肉的食客们对韭花酱肯定都

⑤ 这个字读作 chè，最初指土地裂开，后来也指其他事物裂开、分裂。

⑥ 这个字读作 shí，本来意思是停止，后来多被借去表示“这；实；放置”等。《第一批异体字整理表》将其处理为“实”的异体字。

香山九老图（局部）
明
谢环

不陌生，那浓郁独特的咸、辣等滋味，不啻为一些荤腥食物的佐食良伴。

此外，这种在灶间、餐台浸满烟火气息的荤食搭档，在五代十国时期竟然还不期然而然地与堪称阳春白雪的书法艺术结了缘，这便是被称作天下第五行书[7]的《韭花帖》。

此帖乃五代风云人物，集官宦、文人数种身份于一身的杨凝式的杰作。

⑦ 另外四幅著名行书帖及其作者分别是：王羲之的《兰亭序》，颜真卿的《祭侄季明文稿》，苏轼的《黄州寒食诗帖》，王珣的《伯远帖》。

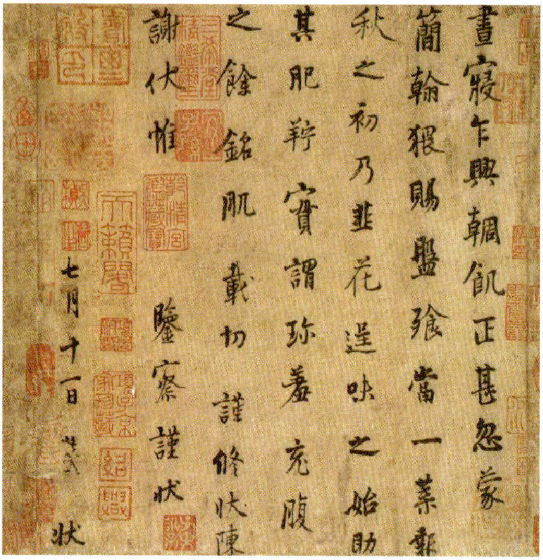

韭花帖
五代
杨凝式

据传，杨氏年轻时，适逢大唐覆灭，其父杨涉当时官居宰相，由于慑于后梁开国帝王朱全忠的威势，因此便受命交出了唐朝玉玺，并做了后梁的高官。杨凝式对其父所为颇有不屑，曾对父亲说，甘做贰臣[8]恐被世人唾骂。但是，没想到他本人除

⑧ 指在前一朝代做了官，投降后一朝代又做官的人。

了在唐朝末年做过大唐的官吏，居然后来还相继做了后梁、后唐、后晋、后汉和后周的高官，成为我国历史上有名的贰臣。

也不知是在哪个朝代，据说有一天杨凝式在府中白日睡醒，腹中正觉饥饿，恰巧宫中派人送来一些加工好的韭菜花，他就着一些食物吃下后，颇觉舒爽，于是便挥笔写下表示感恩的《韭花帖》，帖中就有“当一叶报秋之初，乃韭花逞味之始”这样的句子。

自《韭花帖》问世之初，它便受到很多人的称赞，例如宋代黄庭坚就曾在诗中这样夸赞：“俗书只识兰亭[9]面，欲换凡骨无金丹。谁知洛阳杨风子，下笔便到乌丝阑[10]。”按照黄庭坚的说法，世上大凡研习书法之人，追逐王羲之和《兰亭序》的往往如过江之鲫，但是却极少出现脱胎换骨之辈；哪承想，被世人称作“杨风（疯）子”的杨凝式，看似信手涂鸦，却偏偏就写出了精品。

⑨ 王羲之所作《兰亭序》被奉为天下第一行书，因此，这里的“兰亭”便是指王羲之和《兰亭序》。

⑩ 又作“乌丝栏”。原本指为方便书写而用黑色丝线在绢帛上织出竖格，也指在卷册上用笔等画出竖线。这里实际上暗含书法精品的意思。

虾蟹

xiā xiè

蝦蟹

小篆

隶书

楷书

行书

“虾”这个字左边的“虫”表明它的意思与昆虫有关，当然这反映了古人对于生物的分类理念以及对于“虫”这个字意义方面的认识。“虾”的右边以前写作“叚[①]”，后来简化成了“下”。而无论是“叚”还是“下”，都表示“虾”的读音与它们相近。

按照《说文解字》的解释，“虾”原本指蛤蟆，读音也是 há。现在一些语文工具书里也都收录了“蛤蟆”和“虾蟆”这两个用字不同、但读音和意思都相同的词。而表示水生动物，《说文解字》在“鱼”部字里面还收录了一个“鰕”字。对这个字，段玉裁考证说，它正是鱼虾的“虾”最初的字形，而有些人说它表

①这个字读作 jiǎ 的时候，是“假”的异体字；读 xiá 的时候是一个姓氏。

示一种斑纹鱼，那是这个字又被用去表示的另外一种意思。

到了宋代，在罗愿编纂的《尔雅翼》中，“蝦”才被正式承认具有鱼虾的“虾”这种意思。但是，在东汉张衡撰写的《南都赋》里，已经出现了“巨蜯[②]函珠，驳[③]虾委蛇[④]”这样的语句，意思是巨蚌孕育珍珠，巨虾身形弯曲。由此可见，虽然《说文解字》并不认为虫字旁的“虾”是鱼虾的“虾”，但是在同时代的文学作品里却已经出现了把这个字用于这种意思的例子。

和“虾”字里面的“虫”一样，“蟹”字下面的“虫”同样反映了古人对于生物的分类理念以及对于“虫”这个字意义方面的认识；它上面的“解”表示它的读音与“解”相近。

《说文解字》对“蟹”的解释是“有二螯[⑤]八足，旁行”。显然这就是我们眼中常常高举着两把钳子、横着爬行的螃蟹了。不过，在《说文解字》里面，“蟹”这个字是左右结构，“虫”是在字的左边，而不是在字的下边。

再参照《尔雅翼》等文献，我们可以了解到，古代一些学者认为，“蟹”字上面的“解”并不仅仅表示字的读音，它同时还表明蟹苗长大过程中会随着潮起潮落多次蜕去甲壳这样的意思，就好像是人脱掉铠甲的“解甲”那样。可见我们祖先观察自然物真的是细致入微。

按照现在的概念，虾和蟹都可以说种类繁多。首先，按照生活环境，它们二者都有生活在淡水中或者是海水中这样两大类。其次，这两大类别又都可以进一步划分成更小的种类，例如身长不过半寸的小河虾和须长身壮、威风凛凛的大龙虾；身材如硬币般大小的袖珍湖蟹和直径盈尺的“皇帝蟹”。一些水产市场或餐厅的水族箱里，海白虾、基围虾、濑尿虾、珍宝蟹、梭子蟹、黄油蟹……的的确确是异彩纷呈，琳琅满目，让人目不暇给[6]。

② 这个字读作 bàng，与“蚌”意思相同。

③ 原文用“鮫”。“驳虾”据说是一种体长超过一丈的巨型虾。

④ “委蛇”读作 wēi yí，意思与“逶迤”相通。

⑤ 原文用的是“敖”。

⑥ 在这里读 jǐ。

爱好虾蟹的美食家众多，但在绝大多数国人心目中，与虾结缘最深的大概莫过于画家齐白石了。因为在白石老人笔下，每一只浓淡相间的虾都栩栩如生，尤其是个个通体透明，一如在水中嬉戏般活蹦乱跳，生命的律动跃然纸上。而题识为“晓筝女士清玩，八十八白石”的国画《螃蟹》，同样显示出白石老人观察事物入微、下笔如有神的臻于化境的水墨功力。

白石老人养虾、养蟹，并且天天与它们为伴，甚至还会手持小棍儿逗弄它们，因此才画出了形神兼备的虾蟹图。而且据说老人家也非常喜欢吃蟹，常常需要好几个人同时剥蟹、剔肉，才能跟得上他品蟹的速度。

根据记载，除了品蟹，白石老人与蟹还曾经发生过一个充分展示他铮铮铁骨品性的故事。故事发生在20世纪40年代日寇铁蹄下的北平。当时，侵华日军为了表明他们所谓的“亲善”，特别是妄图借名人影响力瓦解中华民众的抗日情绪与意志，因此胁迫白石老人加入日本籍。老人家无法忍受日本人持续不断的侵扰，忍无可忍之下，终于画了四只螃蟹，并题款“看

粉彩象生瓷果品盘
清

鰕蟹

群虾鱼蟹图
近现代
齐白石

你横行到几时”，然后托人转给日本人，这才让心有不甘的日本人打消了继续胁迫老人的念头。

再行一步

中华民族，从古至今像白石老人一样有气节的志士绝对难以计数。同样，在我们这个以美食闻名世界的国度，像老人家一样喜食虾蟹的食客也必然不在少数。

新鲜的活虾活蟹，无论来自江河湖海，它们特有的滋味实在是无需任何烹调技法，甚至无需任何作料、调料，水煮或清蒸之后已经会让爱好者欲罢不能。难怪根据《艺文类聚》《晋书》等文献记载，东晋时一位名叫毕卓的官员曾在半醉半醒之间说过，右手持酒卮⑦，左手持蟹螯，拍浮酒池⑧中，便足了一生。这一蟹、一杯、一人、一生，伴随着吟咏诗文的节拍，真的是好不快意！不过，根据记载，毕卓此公虽身为官员，却嗜酒不羁，竟然还发生过盗酒的逸事。后来由于酒坊主人听闻伙计捉盗，却认出了梁上君子乃是当朝官员毕大人，这才言称多有冒犯并亲自松绑，还陪同毕大人直接从酒缸中舀酒豪饮，令其酩酊而归。

与盗酒的毕卓有异曲同工之妙的，还有贵为九五之尊的乾隆。据说这位微服私访江南的皇帝，曾在一间茶馆品尝到刚刚

⑦ 这个字读作 zhī，指古代一种盛酒的器皿。也有文献作“杯”。

⑧ 也有文献作“船”。

荷蟹图
宋
佚名

采摘炒制的西湖龙井，唇齿留香之际，他便悄悄抓了一把揣在衣衫里面的口袋中。后来当他走进一家菜馆用餐时，便从衣衫中掏出那把茶叶，命堂倌沏杯茶来。结果厨房的大厨在乾隆掀起衣衫时，不经意间瞥到他外衣里面居然穿着只有皇家才能专享的黄澄澄的衫子，一时间吓得魂飞魄散，哆哆嗦嗦烹炒虾仁的时候，误将那把茶叶当成葱花放到锅里了。哪承想，菜品上桌，新鲜的虾肉融和着清新的茶香，尚未入口，乾隆便赞不绝口。由此便成就了一道流传至今的杭邦名菜——龙井虾仁。

江南水乡泽国，向来不缺河鲜湖鲜。得天独厚的江苏省，南京有高淳的固城湖大闸蟹，苏州则有阳澄湖大闸蟹，这二者

花鸟水族册
清
虚谷

在庞大的蟹族中均有“天下第一”的美名。当然，二者相较，究竟哪个略胜一筹，这是一道无解的题目。因为美味当前，品其滋味完全属于个人感受，难以分辨细微差别是一方面，个人偏好则是另一方面。所以，对于任何美食，避免唐突、用心品味便好，比较品级的事倒是显得有些流俗了。

不论产自固城湖还是阳澄湖，这两种蟹的品质都当得起清代文人，且有“蟹仙”美誉的李渔称赞螃蟹的话：“蟹之鲜而肥，甘而腻，白似玉而黄似金，已造色香味三者之至极，更无一物可以上之。”

至于这类蟹为什么会被冠以“闸”字，历来存在着两种说法：

一种意见认为“闸”说的是捕蟹的工具，也就是一种一般用竹子编制的称作“簖[9]”的栅栏，这种工具由于类似截流的闸，所以用这种工具捕的蟹便被称为“闸蟹”了。

另一种意见认为，“闸”这个字同表示油炸或水煮的“炸（煠）”谐音，而“煠”由于比较罕用生僻，所以后来就用“闸”取而代之了。可见，所谓“闸”指的是烹煮蟹的一种方式。

其实，对于品蟹者来说，捕蟹、烹蟹未尝不是一种心向往之的体验，那种新奇、好玩儿的过程会使餐盘里的蟹别有一番滋味。而且，世人多晓“江枫渔火对愁眠”，殊不知点点“蟹火”亦是令人沉迷的意境。清朝末年袁嘉谷所著《卧雪诗话》，除了成为云南古代文学理论的收山之作，其中更引已经散佚的《贮云诗话》中著者不详的《秋渔》诗：“三板鱼榔敲落日，一灯蟹火浸寒烟。”驱鱼的鱼榔伴着夕阳西沉的节奏，夜凉如水，点点捕蟹的烛火飘浮在一片氤氲雾霭之中……

⑨ 这个字读作 duàn，指一种插在水里拦捕鱼虾蟹的栅栏装置。

笋藕

sǔn ǒu

筍蔣

小篆

隶书

楷书

行书

“笋”这个字上面的“⺮”表明它的意思与竹子有关；下面的“尹”最初写作“旬[1]”或“旬”。不过，无论是哪一个，都表示“笋”的读音与它们相近。

《说文解字》对“笋”的解释是“竹胎也”；《尔雅》则解释为“竹萌”，意思大体上都是竹子萌发的幼芽。例如唐代出生于官宦世家，却屡试不中，最终剃度出家的高僧寒山，他的诗作中便有“罗袖盛梅子，金鎞[2]挑笋芽”这样的诗句。句子描绘的是一幅俏丽女子用衣袂、金钗采集梅子和竹笋的唯美画面。

竹笋常常在春天的雨后萌发，万籁俱寂的深夜，午夜梦回或者尚未入眠的人士，侧耳谛听之时，往往能够听到竹

① 这个字非常罕用，还是个多音字，读 xuàn 的时候，意思是目光摇摆；读 xún 的时候，意思是目眩。这里读后一种音为好。

② 这是个多音字，读 bī 的时候，指的是钗一类发饰，也指篦子；读 pī 的时候，指犁的刃或箭镞。在这里是第一种读音与意思。

笋拔节的响动。也不知道是不是由于竹笋生长的时候为大自然增添了天籁之音，“笋”这个字在古代还与音乐结下了不解之缘。例如《管子·霸行》：“桓公起，行笋虡[3]之间，管子从。”这句话里面的“笋”与人们眼中的鲜嫩美味其实全无干系，而是指古代悬挂编钟、石磬一类打击乐器的横梁[4]。

如果一室熏香缥缈，金石之声若隐若现，几案上嫩笋的清香撩动鼻端……这将是多么令人神往的场景。爽脆的竹笋在舌齿间盘旋之时，多少人都会醉心于这大自然的慷慨。“笋芽鹅炙殊可口，明月清风不着钱”，这是宋朝诗人陈东《夜饮二绝》中的诗句。整首诗在与我们分享鲜美笋芽的同时，还带着我们一道感受了大自然源源不断的无私馈赠：朗朗明月，习习清风。

“微风过处，送来缕缕清香……”“月光如流水一般，静静地泻在这一片叶子和花上。”“这令我到底惦着江南了。”这是文学巨匠朱自清先生《荷塘月色》中的几句话，朴素平淡的词句烘托出月色如银、心绪如丝的寂静氛围。

花鸟图之新笋松鼠
清
恽寿平

筍

③ 这个字读作 jù，指的是悬挂钟磬架子上的立柱。

④ 表示这种意思以前也写作与“笋”读音和意思都一样的“簨”。按照刘熙《释名》的解释，它由于同“峻”读音相近，所以含有“高峻”的意思。

江南好，一丛翠竹，半亩荷塘，春日新笋，秋分嫩藕，难怪它会让离家游子无一日不在心目间。铭记在心的江南，就算“沉醉不知归路⑤”，多半也会“误入藕花深处”。接天莲叶装点了池塘，也孕育出美味的莲子和莲藕。

“藕”这个字最初写作“蕅”，上面的“艹”和下面左边的“氵”表明它的意思与植物和水都有关系；下面右边的“禺”表示它的读音和“禺”相近。

⑤ 引自李清照《如梦令》，下句“误入藕花深处”同此。

后来下面又变成了完全表示读音的“耦”。

《说文解字》对“藕”的解释是：“芙蕖⑥根。”而“芙蕖”就是莲、荷一类植物。汉代乐府诗“江南可采莲，莲叶何田田”，呈现的是在碧绿、茂盛的莲叶之间，鱼儿戏水，采莲女欢快地采摘莲蓬等十分祥和的情景。而与之相比，挖藕则完全属于一种极其繁重的劳作了，尤其是在隆冬时节，要想从刺骨的冰水和黏稠的淤泥中取出藕来，谈何容易！这对挖藕人的体力、精力和心理承受能力都是极大的考验。

当甜甜糯糯的桂花糯米藕、糖藕粥、北方叫“藕合”南方称“藕夹”的美味端上餐桌的时候，不知道还有多少人能记起“谁知盘中餐”那句老话。其实同样的道理也完全适用于竹笋。因为冬笋是藏在地下深藏不露的，找笋、挖笋都是个技术活儿，而且还有严苛的时效性，如果找寻和采摘它们稍不及时，笋只要稍稍长大，口感就会变老，品尝的价值自然也就大打折扣。

藕则是一种很特别的美味，它的淀粉含量很高，所以才能用它制取藕粉，而且经过足够时间的蒸煮，它还会有很糯的口感；如果通过冲洗、焯水等步骤，去除一部分淀粉之后，凉拌或炒制的鲜藕，也会有脆嫩的口感。

鲜藕和鲜笋基本上是百搭食材，鸡鸭鱼肉可以和它们同煮，青菜豆腐也可以和它们一起烹炒，所以肥美的老鸭汤离不开竹笋，清爽的素什锦同样离不开竹笋。脱水晾干的藕干，尤其是笋干还是烧制荤菜的极佳辅料。因为它们一来可以吸收肉类食材中的油脂，能够令嗜荤人士或多或少消减一些摄入过多脂肪的担忧；二来它们吸入肉类食材的味道之后，和自身味道加以融合，能够激发、搭配出更加特别的美妙滋味。因此，笋和藕都可以说是比较合群的食材。

⑥ 原文用的是“扶渠”。

枇杷清藕
清
石涛

再行一步

离群索居自然也是一种令人钦佩的气度与个性，但是落落寡合和比较各色的性格，毕竟会损失许多合作的体验与乐趣。

莲藕的善群特性，与成语“藕断丝连”似乎相映成趣，它们充分显示了莲藕喜欢毗连相处、不愿意分离独处的本质倾向。实际上，丝丝缕缕的藕丝原本是莲藕体内承担输送养分和水分任务的螺旋状组织，当藕被截断的时候，这些组织常常会从导管壁脱落，并且像螺旋状弹簧丝一样被拉直，于是便形成了纷纷攘攘的缠绵状态。

此外，“藕”这个字本身，如果臆想一下，它下面的“耦”字原本是指两个人一同耕作，而同耕之人只有彼此同心同德、共进共退才可能把事情做得更好。因此，对于精诚合作的双方来说，分裂单飞自然属于客观上有危害、主观上不情愿的情况了。例如共营爱巢的夫妻，耳鬓厮磨日久，就算由于种种原因劳燕分飞，大抵也是打断骨头连着筋。唐代诗人孟郊在《去妇》诗中就曾经写道：“妾心藕中丝，虽断犹牵连。”这是一名被夫家休弃的女子，却还在诉说自己的心思依然牵系着夫君。很显然，除了夫妻情意难断，古人也早已发现了莲藕身断丝不断这样的特性。

藕丝的牵连与藕心的通达也颇具相似之处，莲藕中孔畅通，因此，"藕心"便有了同心之意。例如曹雪芹《题马湘兰画兰长卷》："不向西陵结藕心，时傍云阶扫寒碧。"这两句诗用典颇具深意，意境优美。诗句中的"西陵"指的是黄帝的元妃西陵氏"嫘[⑦]祖"，据说她是养蚕抽丝的鼻祖。这里的"西陵"寓意求偶，诗句的深层含义是身为秦淮八艳之一的马湘兰虽身在青楼，却洁身自好，志趣高远，并不追求尘世的异性情缘。下一句更进一步表明，她一生只是倾心于在远离尘世的云台之上，持帚洒扫寒凉的青空。这是多么"高冷"的一位女子！

从曹雪芹先后为马湘兰画兰长卷总共题了十数首诗作来看，曹氏对马湘兰源自心底的认同、敬佩之情溢于言表。

是啊，卓然于世的人才，总是令人感佩。竹笋身形挺拔、卓然而立，这种特性自然使它成为令人肃然起敬的对象。因此，无论是指它自身，还是比喻耸立的群峰，抑或形容女子秀美的

⑦ 这个字读作 léi，是古代的一个姓氏。

手脚，“玉笋”都具有极美的意蕴。例如，宋代杨万里《真阳峡》的“夹岸对排双玉笋，此峰外面万青山”。还有宋代官员、词人，书法功底同样了得的蔡伸，他的词作《蓦山溪》中也有“华堂荐寿。玉笋持椒酒”这样的句子，大意是农历新年之际，在华堂之上，有温婉女子伸出纤纤玉手把持杯盏向父母贺寿。

另外，“玉笋”还可以用来比喻莲藕，例如清代朱彝尊《七月晦日赐藕恭纪》的“冰条玉笋净无瑕”。

“玉笋”，同样具有喻指杰出人才的含义，而且它表示的还是比较众多的杰出人士，就像竞相冒出的竹笋一样，也就是人才济济的情状。例如《新唐书》列传部分，写到唐朝宗室、后来介入“牛李党争”的官宦李宗闵的时候，有这样一句话：“典贡举，所取多知名士，若唐冲、薛庠、袁都等，世谓之‘玉笋’。”句子里面提到的唐冲、薛庠[8]、袁都等几位，当时都是人们眼里的青年才俊，而且也都在唐朝的科举考试中金榜题名。

到了后来，喻指众多人才的时候，还出现了“玉笋班”这样的说法，意思就是杰出人才集群式涌现，俨然如英才济济的朝班。例如南宋官至左丞相的文学家周必大，他的诗作《杨文

⑧ 这个字读作 xiáng，古代指学校。

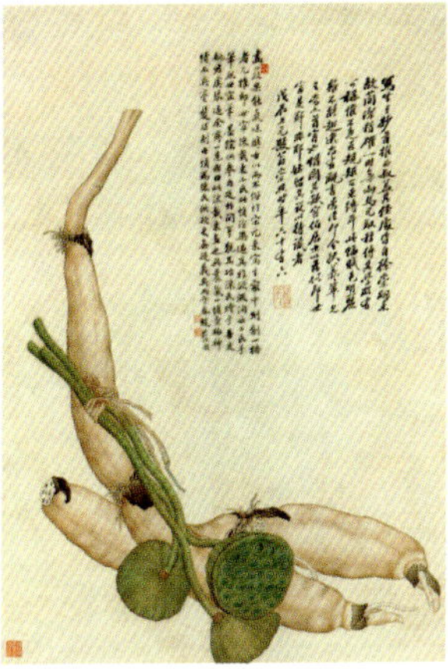

藕宝图
清
陈枚

莲藕莲蓬
明
项圣谟

藕

甫主簿顷惠佳篇今赴松溪次韵送别》中这样写道：“家声好在金陵簿，人物争看玉笋班。”这首诗的主旨便是称赞杨文甫祖上声名显赫、杨氏家族英才辈出。

菌菇

jūn gū

菌菰

小篆

隶书

楷书

行书

“菌”这个字上面的“艹”表明它的意思与植物有关；下面的“囷[1]”表示它的读音与“囷”接近。《说文解字》对“菌”的解释是：“地蕈[2]也。”意思是在树林里或草地上丛生的形状像伞一样的一类低等植物，这类低等植物主要通过寄生或腐生等方式摄取营养，本身并没有茎叶，也不含叶绿素，如蘑菇、木耳等。

需要注意的是，“菌”在具体表示蘑菇一类植物的时候，如“菌子”，现在读第四声，例如沈从文《从文自传·我所生长的地方》中的“松林里生菌子”。而当它只是泛泛地表示低等植物的某些门类，则读第一声，比如菌类、菌落、细菌、真菌等等。

① 这个字读作 qūn，最初指的是圆形的谷仓。

② 这个字读作 xùn，本义指生长在深山老林里的野菇。

蔬果册页
清
金农

菌虽然也是生命体，其形态颜色异彩纷呈，但是有些菌类的生命尽管精彩，却也失之短暂，与流星划过夜空的灿烂好有一比。因此，庄子在《逍遥游》里面曾经写道“朝菌不知晦朔”，意思是东方天际晨曦微露时撑开伞冠、身披朝露向世间展开笑颜的菌菇，它那悦动的生命大致与白昼同步，因为或许它同朝开夕落的木槿花一样，素来不喜黑沉沉的暗夜。当然，高深、奥妙已达巅峰的庄子，他老人家可不会只有咏物的闲情，他这句话的深层含义是生活环境、生命长短等等，都会影响生命体的见识，生存环境狭窄、寿命短暂的生物一般是不会有远见卓识的。

在现代人眼里，撑开伞冠的菌类常常显得很卡通，而且习惯上人们往往把它们一律称作“蘑菇”。《采蘑菇的小姑娘》无疑是妇孺皆知的歌曲，身背竹篓欢快采蘑菇的小姑娘形象也早已深入人心。

“菇”这个字上面的“艹”也表明它的意思与植物有关；下面的“姑”表示它的读音与“姑”接近。但是，“菇”这个字本身最初指的并不是菌类，而是用于“蒉[③]菇”，指的是一种也叫“王瓜”“土瓜”的植物及其果实。这种植物属于葫芦科多年生藤本植物，有比较肥大的块状根，卵形果实成熟时呈橘黄色，可以入药。

后来“菇”之所以主要用来表示菌

③ 这个字读作 kuí，只用于“蒉菇”。

类植物，是由于它的读音与最初表示“茭白”、后来也有了菌类植物意思的“菰”相同，所以常常在诗文中和后者混用。例如宋代司马光在《温公续诗话》中，曾记载北宋官员、水利专家、书法家陈尧佐的《吴江诗》：“平波渺渺烟苍苍，菰蒲才熟杨柳黄。”诗句描写了秋意渐浓时，宽阔的江面烟波浩渺，两岸杨柳初黄，岸边浅水处，茭白和香蒲可以食用的根则刚刚成熟。

除了表示茭白，在《本草纲目》等文献中，“菇”也出现了代替“菰”表示菌类的情况，后来逐渐取代后者成为地位比较稳固的菌类植物代言人。

现在，如果一位不善厨艺的人士走进菜市场，当他看到草菇、冬菇、花菇、平菇、茶树菇、鸡腿菇、金针菇等等，相信他一定会觉得乱花渐欲迷人眼。

菌菇无论干鲜，都是非常理想的食材。除了毒蘑菇以及对蘑菇过敏的人，以蘑菇作食材的菜品，总能让人食指大动。寒凉时节，窗外瑞雪因风起，灶台砂锅里小鸡炖蘑菇有节奏地翻滚着咕嘟咕嘟的汤花……身临此景，想必任何人心里都会暖的吧。哪怕是形单影只，这一刻恐怕也是不羡鸳鸯不羡仙了。

这道带着东北老林子特有味道的菜肴，如今早已走出山区，走向更广阔的天地，吸引着天南地北爱好美食的人们。

而与此同时，在岭南地区颇受青睐的清酿百花菇、花菇扣鹅掌等粤式美味，也已经伴随着得风气之先的广东经济的影响力向全国辐射，令一众美食爱好者幸运地赶上了大饱口福的好时代。

蔬笋寒菇图
近现代
齐白石

再行一步

中国经济的发展，客观上绝对是美食爱好者的福音。就菌类食材来说，野生菌类大都产自山区，只有交通运输业发达了，才能让更多人有条件分享这些美味。而人工培植菌类，一般都需要规模经营，这对于资金、人力等投入都有相当高的要求。

当然，手工作坊式的小农经济时期，比如我国古代也早已出现了规模较小的菌类培植实践。《本草纲目》（金陵本）在解读“蘑菰蕈”的时候，就有这样一段话：“蘑菰出山东、淮北诸处。埋桑、楮[4]诸木于土中，浇以米泔，待菰生采之。长二、三寸，本小末大，白色柔软，其中空虚，状如未开玉簪花。俗名鸡腿蘑菰，谓其味如鸡也。”

“蘑”“蕈”二字，均有“艹”表示它们与植物有关联，而且它们的意思基本上也都指向菌类；各自下面的“磨”和“覃[5]”则分别表示各自的读音与这两个字接近。但是就其历史来说，这两个字却有着天壤之别。

“蕈”古已有之，例如西晋文学家陆云曾有诗云：“思乐

④ 这个字读作 chǔ，指一种树皮可以造纸的落叶乔木。

⑤ 这是个多音字，这里读 tán。

葛藟[6]，薄采其蕈。”其诗显然承袭《诗经》古风，描写的是葛藤攀缘缠绕，附近有人正在采集野生的菌类。

而“蘑”则大约是在明代才开始出现的一个字，例如《西游记》：“说不尽蘑菇、木耳、嫩笋、黄精，十香素菜，百味珍馐。”

不过在当今时代，或许应了长江后浪推前浪的古话，“蘑”的生命力显然已经超过“蕈”好几个级别，它的出现频率与知晓度无疑远胜后者。除了常见的大众食材“鲜蘑”以及代表菌类的“蘑菇”，“口蘑”还是一种特别的美味。

“口蘑”指的是生长在我国内蒙古等草原地区的一种白色伞形菌，属野生蘑菇，富含人体所需多种微量元素，而且味道异常鲜美，但是产量却十分有限，因此它价格昂贵，绝对属于菌类中的珍品。由于张家口历来是这种菌类的加工和集散地，所以它便有了“口蘑”的美称。

菌类中的珍品不在少数，但是说到极品，恐怕非法国等地出产的黑松露莫属。而到了20世纪末期，中国科学家在喜马拉雅山脉东南地区也发现了黑松露的分布。同时，经考证研究，在中国西南藏族、彝族等民族聚居地区，黑松露也早已被当地

⑥ 这个字读作lěi，指一种藤蔓植物。

民众用于增强体力、调理妇女经血等。

黑松露产量极低，而且藏在地下，寻找困难、不易采集，因此还衍生出了专门用于搜寻它的猪、犬买卖生意，尤其更奇葩的是据称它有壮阳等神奇功效，所以才被一些人追捧。它同鱼子酱、鹅肝酱并称“世界三大珍味”“美食三大天王”等等。

但是，明白人都知道物以稀为贵的道理，所以黑松露居高不下的价格或许仅仅说明它稀有，至于味道、功效等等，则显然属于仁者见仁的范畴了。

实际上，菌类的珍贵，很大程度上应当归功于它们含有大量对人体有益的营养成分，如维生素 B、D 以及钙、磷、钾等微量元素，因此，用若干种普通菌菇和木耳等炖煮的菌汤，目前也被医学界判定是对人体保健极其有益的饮品。

木耳也属于菌类，由于它不论是天然生长还是人工培植，都与木头相依相伴，而且它的形状很像人的外耳郭，因此便有了“木耳”的雅号。

木耳有黑有白，白木耳也称“银耳”“雪耳”等。黑白木耳各有优长，但都对人体有益，是寻常百姓的滋补佳品。例如唐代孙思邈《千金翼方》中提到：“五木耳名檽，益气不饥，轻身强志。”可见，依附桑、槐、楮、榆、柳等五种树木所生木耳对人体具有明显的补益作用。而在明代高濂[7]的养生专著《遵生八笺》中，也数次提到了木耳。

宋代素有为人慷慨有气节美誉的文人王之道，曾应和杜甫《秋兴八首》作《秋兴八首追和杜老》，诗中有“秋雨养肥桑耳白，溪流濯[8]出柳须红”。朴实无华的诗句像一幅素描，浅浅淡淡地描画出沥沥秋雨中，桑木所生银耳肥厚，潺潺溪水轻拂垂柳，秋色中柳梢渐出一抹红色。当然，写景之中，诗人内心其实是厌倦官场倾轧的情怀，因为诗中还有“宦情薄似贤人酒”，而且这种情绪与诗圣《秋兴八首》中“闻道长安似弈棋”“王侯第宅皆新主”也完全对得上。

清末民初当过民国大总统的徐世昌，在他主持辑录的《晚晴簃[9]诗汇》里，也曾经记录过顺治、康熙年间学者，浙江钱塘人冯景的一首杂咏诗，诗中有：“韭青松鸭波棱美，笋白花猪蕈耳肥。”这应当是一幅三五友人小聚对酌的素描，因为诗中还有“合樽促坐酌空帏”。虽然诗中提到了包括菠菜（波棱）、木耳在内的几样荤素菜式，但是，显然朋友小聚意不在吃喝，而在于放松心情、感受友情了。

⑦ 这个字读作 lián，是江西一条河流的名称，也是湖南一条溪流的名称。

⑧ 这个字读作 zhuó，意思是洗涤。

⑨ 这个字读作 yí，意思是楼阁旁边的小屋，常用作书斋名。

薯芋

shǔ yù

芋薯

“薯”这个字上面的“艹”表明它的意思与植物有关，下面的“署”表示它的读音与“署”相近。《玉篇》对它的解释是：“薯蓣[①]，药。”《类篇》则说“藷[②]或作薯”，而且是在“藷”的读音与“薯”相同的情况下。

根据上面这些解读，“薯”是在“藷”之后出现的一个字，而且它产生之后，只是承担了后者的部分读音与意义。另外，根据现代工具书的解释，“薯”指的是一类植物及其根茎状果实，如甘薯、马铃薯等，而“薯蓣”则是山药的另一种称呼。可见，“薯”在古代指称的东西更具体，意义范围比现在要窄一些，只是表示山药。

小篆

隶书

楷书

行书

① 这个字读作 yù。

② 这个字在古代是多音字，读 zhū 的时候，“藷蔗”指的是甘蔗；读 shǔ 的时候，是“薯”最初的字形，后来被“薯”替代，本身现在成了“薯”的异体字。在这里是后一种读音。

历代帝王像 宋英宗赵曙
清
姚文瀚

那么，“薯蓣”为什么又叫“山药”呢？原来，唐朝时的一个皇帝唐代宗名叫李豫，为了避讳 yù 这个读音，所以就把“薯蓣”改成了“薯药”。而到了宋朝，又有一个皇帝宋英宗名叫赵曙，同样为了避讳他名字中 shǔ 这个字音，“薯药”才不得已又变成了“山药”。

在古代，皇帝是至高无上的，他的名字哪能让人随便叫呢。所以，不仅是人，就连自然界的一切事物，如果它们的名字，哪怕只是某个字的读音与皇帝的名字相同，也必须避让。因此，唐朝初年诗人王绩幸亏比唐代宗早生了 120 多年，否则，就是再借给他多少个胆，他也断然不敢写出“从容③肉作名，薯蓣膏成质”这样的诗句。

当然，例外情况也是存在的。比如不知道是什么原因，诗圣杜甫与唐代宗李豫基本上属于同时代人，可是杜工部在《发秦州》一诗中，却赫然写着：“充肠多薯蓣，崖蜜[4]亦易求。”对此，无论是正史还是野史，都没有杜甫因此而被治罪的任何记录。

幸运的似乎不只是诗圣，还有主要表示芋头的“芋”字。“芋”与历史上几位君主名字的读音也都比较接近，可是它却从未经历过改名的烦恼。

“芋”上面的“艹”表明它的意思与植物有关，下面虽然最初写作吃亏的“亏”，但是“亏”和“于”在古代是产生于不同历史时期、而读音和意思都相同的字，所以这两个字的作用都是表示“芋”的读音与它们的读音相近。

《说文解字》对“芋”的解释很有意思：“大叶实根，骇人，故谓之芋也。”

③ 这里指主要生长在我国新疆、内蒙古等地的一种寄生植物肉苁蓉，它的药用价值很高。

④ 这个词语既表示山崖间野蜂所酿的蜜，也指樱桃。在这里是前一种意思。

这句话一方面道出了“芋”这种植物叶片宽大、根茎粗壮的特点；另一方面，也表明这种植物的名称与它的特点具有非常密切的关系。

参照徐锴、段玉裁等人对《说文解字》的校订、注疏，我们可以很清楚地看到，“芋”这种植物所谓的“大叶实根，骇人”，其潜台词是：这种植物的特点有些出乎人的意料，令人惊异、惊叹。而“气喘吁吁”的“吁”在古代恰好表示惊叹的语气，而且它和“于”在语义上具有极其密切的关联。所以，由于这种植物的特性超出人的预期而使人惊叹出声，于是人们便用表示惊叹的语气词给它命名了。

薯类植物的果实和芋头，它们共同的特点都是淀粉含量比较高，因此，它们既可以被加工成菜品，也可以代替粮食成为主食。“蓝莓山药”是近年来各式餐厅凉菜中的人气单品，“芋头扣肉”更因其味美而成为传统鲁菜中的翘楚。

诗人陆游对芋头也是情有独钟，他曾在诗中写道：“烹栗煨芋魁，味美敌熊蹯。”在他看来，芋头的味美绝对不输熊掌。而在清代戏曲理论家、美食家李调

芋

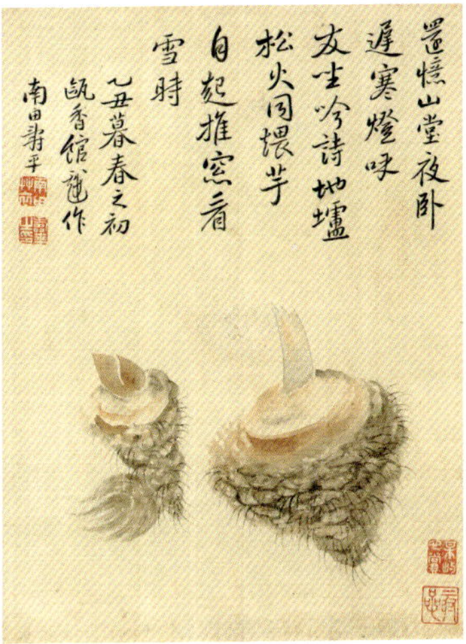

花果蔬菜册　芋头
清
恽寿平

元眼里，美味的芋头可以说“气作龙涎香，色过牛乳腻”。在他笔下，烹熟的芋头弥散着有如名贵熏香的气味，其色泽的细腻则胜过纯净无杂质的牛奶。明末官员、为避清军于澎湖病逝的卢若腾，他的《岛噫诗》中，有一首《抱儿行》，其中“三岁幼儿夜啼饥，天明随翁采薯芋”描写的则是山药和芋头能够充饥饱腹的特性了。

再行一步

无论是用来充饥，还是当作佳肴品尝，芋头大概都是不会让人失望的。例如名满食界的“荔芋扣肉”就是以产于广西桂林市荔浦县的荔浦芋头为主料。这道菜历史悠久，烹制工艺讲究。它之所以能够长盛不衰，其原因就像中药行业著名老字号“同仁堂”传世古训所讲的那样：炮制虽繁必不敢省人工，品味虽贵必不敢减物力。

“荔芋扣肉”采用正宗桂林荔浦芋、带皮五花肉、桂林腐乳和各式辅料调料。烹制时，先将带皮五花肉入沸水中煮熟，捞出后沥干水分，再用细竹签在肉皮上扎孔，并用少量精盐和蜜糖涂抹肉皮，入油锅炸至肉皮起泡、色泽金黄时捞出，再放入温水中稍浸，然后切成厚片，用调料稍腌入味。芋头也切厚片并过油炸至金黄。最后将肉和芋头一一相间排放在碗中上笼蒸熟。此菜成品色泽金黄，肉和芋头松软可口，浓香四溢。

如此诱人的美味，据说也曾经逗出了皇帝的馋虫。例如清朝的乾隆皇帝似乎就对这道菜热衷到了上瘾的程度，所以他敕

薯

乾隆帝岁朝行乐图
清
郎世宁

令广西每年必须进贡荔浦芋。而一生好像都在和他找别扭的宰相刘墉，据说被贬到广西当巡抚之后，很快就觉察到芋头体量大、分量重，而且广西到北京路途遥远，芋头的采集与运输多有不便，人力物力耗费巨大，地方已经不堪年年纳贡的重负。于是，胆大包天的刘罗锅便想出了偷梁换柱的主意，他命令属下用貌似芋头、但是质粗味劣的山薯冒充芋头给乾隆进贡。乾隆吃了冒牌货，果然倒了胃口，因此就免掉了广西荔浦芋的纳贡项目。不过，世上没有不透风的墙，这件事最后还是被奸佞[⑤]小人向乾隆打了小报告，乾隆一怒之下，就把胆敢愚弄他的刘罗锅贬到浙江去当织政了。

品尝过荔浦芋的人都知道，荔浦芋除了那种清香、微甜的味道和软糯的口感，个头也比一般芋头大许多。而对于体形较大的芋类植物，聪明的古人还给了它们一个特别的称呼：蹲鸱[⑥]。

把植物比作鸟类，是因为这一类生长在田野里的芋，形状很像蹲伏的鸱鸟，所以就被称作“蹲鸱”了。例如《史记 · 货殖列传》：“吾闻汶山之下，沃野，下有蹲鸱，至死不饥。”这则掌故说的是春秋战国时秦国伐灭赵国之后，立即施行强迫百姓向外乡迁移的政策，于是大批民众被迫背井离乡。俗话说“故土难离”，因此，一些稍有余钱的人家便相机向官吏行贿，为的是不被赶到离家乡太远的地方。而其中有一对姓卓的夫妻，他们却和大多数人想法不太一样，他们听说远离家乡的汶山脚下沃野千里，而且生长着个儿大肥美的芋头，因此肯定不会挨饿，

⑤ 这个字读作 nìng。

⑥ 这个字读作 chī，指的是鹞鹰一类猛禽。

于是他们就决定迁居到那里。后来，卓氏夫妻果然凭借出众的判断力、辛勤的劳作、俭朴的持家和祖传的铸铁技艺，逐渐发家致富，最终成为富甲一方的大户。

“蹲鸱”既然具有如此益处，难怪历代文人墨客往往也对其青眼有加。例如清代文人陈维崧⑦就在《满江红·江村夏咏》系列词作中写道：“论生计，蹲鸱一顷，菰蒲百亩。”陈氏在这首词中，描述的就是自己的田园生活，娓娓道来的言语仿佛牵引着你，让你不由自主地跟随着他，慢慢走进泼墨山水般的村居画境，令全部身心都浸润在静谧的情境中，闲适、舒缓、安宁！

⑦ 这个字读作 sōng，既用于地名，也和“嵩”意思相通，表示山大而高，或者就表示高。

蛋乳

dàn rǔ

“蛋”这个字形音义之间的联系很有意思。它的字形和读音来源于“蜑”。意思则来自和它读音相同或相近的弹丸的“弹”，或者鹅卵石的“卵”。

小篆

隶书

楷书

行书

《说文解字》对“蜑”的解释是“南方夷也”，意思是南方的少数民族。这个字上面的“延”表示整个字的读音与“延”相近；下面的“虫”历来存在着几种解释，其中有一种意见认为，与北方相比，南方的爬行动物“蛇”明显要多得多，所以“虫”是为了表示南方在生物物种方面的这种特点。

后来，为表示南方少数民族，特别是指两广、福建等地常年生活在水上从事渔业或航运的族群，民间又产生了一

个字形比较简单的“疍”字。这个字逐渐反客为主，反倒成了主流字形，并且一直沿用至今，例如“疍民”“疍户”等。

鸡蛋的“蛋”字，似乎是分别取了“疍”字上面“疋”的变形“疋”和“蜑”字下面的“虫”，然后拼合成了一个新的字。所以，“蛋”在古代是对南方水上民族的一种通俗称谓，它后来又专门用来表示卵生动物的蛋。例如清代自己署名“江阴云墟散人”的李天根①，在他所辑录的《爝②火录·附记一卷》中就有“番禺蛋民周玉、李荣，皆捕鱼者”；再如宋代吴自牧《梦粱录·卷二十》中“三日，女家送冠花、彩缎、鹅蛋”。

鸟禽类的卵，特别是鸡蛋、鸭蛋、鹌鹑蛋等，已经成为人类摄取蛋白质的主要来源，鸡蛋更是成了人们几乎每日必吃的食物。

对于烹饪技艺接近于零的人来说，鸡蛋无疑是他们的“救命”稻草之一。如果蒸鸡蛋羹还稍嫌复杂的话，至少煮鸡蛋，或者炒鸡蛋，应该还属于并没有多少技术含量的活儿。

看起来，像鸡鸭一类卵生动物对人类的贡献确实

三羊开泰
五代
罗塞翁

非常巨大。与此同时，一些胎生的哺乳动物，如牛羊等，它们对人类的贡献也是毋庸置疑的。比如同样富含人体所需蛋白质的牛奶、羊奶，它们除了可以供人们日常饮用，还可以加工成乳制品供人们享用。

“乳”这个字甲骨文写作，是一个母亲怀抱婴儿哺乳的形象，最初意思就是哺乳，后来又产生了女性哺乳器官、乳汁等等意思。但是，人类的乳汁有很大的局限性。首先，母亲生育之后，奶

① 据说他取名“本”，所以也作“李本天根”。

② 这个字读作 jué，最初指的是祭祀活动中驱除不祥的火把，后来也指小火或小的火把。

蛋

市担婴戏图
宋
李嵩

水基本上只能维持初生婴儿生存、发育的需要；其次，母乳也有一定的生产时限，一般情况下，超过一年之后，母乳不仅面临着量的减少，而且奶水中包含的营养成分也已经不足以满足幼儿身体发育的需要了。

而牛羊等动物，却可以培育出专门用于产奶的品种，它们所提供的奶源原则上是不会枯竭的，而且可以惠及所有年龄段的人群。所以，奶制品企业、各类市场以至我们的餐桌上，才会有源源不断的牛奶、羊奶以及各种乳制品等。

蛋、乳在人类食物中，除了独自唱主角，还可以成为加工各种美食时极佳的配料或辅料。例如几可乱真的菜品“赛螃蟹”，虽然烹制方法和主料辅料都不拘一格，但是在这道菜里鸡蛋都是不可或缺的。还有舶来品西式点心“蛋挞[3]”，鸡蛋同样是制作它不可替代的原材料。

③ 也写作“蛋塔”。

许多西式菜肴，烹制时则离不开牛奶以及源自牛奶、羊奶的奶油和奶酪，比如俄式经典菜品奶油烤杂拌、法式大餐的前奏奶油蘑菇汤等等。中式菜肴使用牛奶的情况虽然不如西餐普遍，但是“软炸鲜奶”或者叫“炸牛奶”“脆皮炸鲜奶”，依然是人气十足的菜品；粤式甜品“双皮奶”则深受奶制品爱好者的追捧。

再行一步

蛋、奶无疑可以位列人气美食，而且它们还是被称为“蛋奶素”的一类素食者摄取动物脂肪的重要来源。

“奶”这个字与“乳”的意思交叉重叠，但是它本身却是比较晚出现的一种字形。它源自最早的“嬭[4]”字，而“嬭”的读音与意思则有多种解读：有人认为它表示乳房、乳汁；有人认为它是某些地域对母亲的称呼，后来用于称呼年长、尊长的女性；也有人认为它是“芈[5]”这个姓氏最初的字形……无论如何，现在“奶”和“乳”在哺乳、乳房、乳汁等意思上则完全相同。

与“乳、奶”这种意义重叠的情况相类，“蛋”和“卵”在某些意思上也完全一致。

“卵”这个字在春秋战国时期楚简上有一种字形是。按照清代王筠《说文释例》中的解释，他认为这个字最初意思是鱼卵。而按照《说文解字》“凡物无乳者卵生”这种解释，以及《说文解字注》认为这里的“乳”表示哺乳、乳汁，可以看出，“卵”应当是指一切卵生动物的卵，后来也特别表示鸟类的蛋。

作为食材，使用鸟蛋的极品首推闽菜翘楚“佛跳墙”。在

④ 这个字现在是“奶”的异体字。

⑤ 这个字读作 mǐ。

这道菜里，鸽子蛋或鹌鹑蛋是必需的材料。这道菜用料名贵，烹饪费时费工，是一道非常考究的功夫菜。据说，它原本取名“满坛香”或“福寿全”。后来由于唐代高僧玄荃[⑥]，在前往福建南少林寺途中路过福州，他住宿的客栈与一户官宦人家隔墙而邻。而那天晚上恰逢官家以“满坛香”宴客，阵阵香味越墙而来，饶是修行多年的玄荃也不自觉地垂涎三尺，终于忍不住跃过墙头不请自去，“佛跳墙”便因此得名。

参禅之人禁食荤腥，原因之一就是不忍杀生，而禽鸟之卵乃生命孕育之所在，伤害鸟蛋便意味着杀生。例如著名典故“覆巢之下无完卵”，说的就是东汉“建安七子”之首、孔子二十世孙孔融由于谤议曹操而被满门抄斩的故事。故事中，孔融怀着一丝侥幸心理恳请一人做事一人当，不要牵连他的两个幼子，但是他年仅 8 岁和 9 岁的两个儿子却对他说：“岂见覆巢之下，复有完卵乎？”

这两个孩子绝对算得上冰雪聪明，同时也是年少者无惧无畏，而更难能可贵的是他们愿意与父亲患难与共，至死不忘父

⑥ 这个字读作 quán，是古书上所说的一种香草。

母的养育之恩。

“羊羔跪乳”正是中国传统文化中母恩难忘的标志。屈膝跪地吃奶，这原本是小羊羔进食的一种生物特性，但是这种现象却被我们祖先赋予了道德品行的含义，提升到了饮水思源的高度。例如，清代谢泰阶《小学诗》：“乌有反哺义，羊伸跪乳情，人如忘父母，不胜一畜生。”

敬老慈幼，这是数千年中华文明的精华，也是做人的根本。晚辈孝敬长辈，长辈同样也要疼爱晚辈。“乳”由于具有哺乳、养育等意思，所以它后来也可以表示“初生的”或“幼小的”，比如“乳猪、乳牙”等等。很显然，“乳燕”指的应该就是叽叽喳喳的小燕子了。例如宋代赵师侠《坦菴[⑦]词·扑蝴蝶》：“柳丝轻度流莺，画栋低飞乳燕。”描画的完全是一派和风渐起、柳丝如烟时节，画栋雕梁、黄莺鸣啭、雏燕盘旋的春日美景。

而南宋末年词人陈德武《满江红》：“羞见慈乌啼反哺，厌闻乳燕调新舌。睹禽物，愈觉倍伤情，归心切。”乍一看，前面似乎说的是厌倦了乌鸦反哺、乳燕啁啾，可是看到后面，便明了词人是睹物伤情，思归心切。而他的思归，更有《惜余春慢》中的“向北堂见了，忘忧萱草，此心方满”再做诠释，“北

⑦ 这个字读作 ān，古代同“庵”。也和其他字组成词语表示植物、果实或植物茂盛的样子。现在作为“庵”的异体字。

堂”乃慈母卧室，“萱草”则为游子祈盼母亲忘忧所种。因此，词人虽然不曾恪守“父母在，不远游”的古训，可是时时充斥胸间的却依然是游子思念娘亲的一片微澜。

浴婴图
宋
佚名

图书在版编目（CIP）数据

饮食字传．食材篇／张一清著．—济南：山东友谊出版社，2017.5（2018.1 重印）
ISBN 978-7-5516-1390-3

Ⅰ．①饮… Ⅱ．①张… Ⅲ．①汉字—通俗读物 Ⅳ．① H12-49

中国版本图书馆 CIP 数据核字 (2017) 第 122466 号

责任编辑：姜海涛 陈 菁
装帧设计：姜海涛
排版制作：安树仁
内文插画：知更鸟插画生活馆
田坤工作室

主管单位：山东出版传媒股份有限公司
出版发行：山东友谊出版社
地 址：济南市英雄山路 189 号 邮政编码：250002
电 话：出版管理部（0531）82098756
市场营销部（0531）82098035（传真）
印 刷：山东临沂新华印刷物流集团
版 次：2017 年 9 月第 1 版
印 次：2018 年 1 月第 2 次印刷
规 格：135mm × 185mm
印 张：6.5
字 数：120 千字
定 价：39.00 元